欢迎来到青春期

9~18岁孩子正向教养指南

WHO STOLE MY CHILD
Parenting through
the Four Stages of Adolescence

[美] 卡尔·皮克哈特 著
Carl Pickhardt

凌春秀 译

图书在版编目（CIP）数据

欢迎来到青春期：9～18岁孩子正向教养指南 /（美）卡尔·皮克哈特（Carl Pickhardt）著；凌春秀译 . -- 北京：机械工业出版社，2021.6（2025.1重印）

书名原文：Who Stole My Child: Parenting through the Four Stages of Adolescence

ISBN 978-7-111-68159-5

I. ①欢… Ⅱ. ①卡…②凌… Ⅲ. ①青春期 - 心理健康 - 健康教育 - 指南 Ⅳ. ①G479

中国版本图书馆CIP数据核字（2021）第093448号

北京市版权局著作权合同登记　图字：01-2021-1019号。

Carl Pickhardt. Who Stole My Child: Parenting through the Four Stages of Adolescence.

Copyright © 2018 by Carl Pickhardt.

Simplified Chinese Translation Copyright © 2021 by China Machine Press.

This edition arranged with Central Recovery Press through BIG APPLE AGENCY.

This edition is authorized for sale in the Chinese mainland (excluding Hong Kong SAR, Macao SAR and Taiwan).

No part of this book may be reproduced or transmitted in any form or by any means, electronic or mechanical, including photocopying, recording or any information storage and retrieval system, without permission, in writing, from the publisher.

All rights reserved.

本书中文简体字版由Central Recovery Press通过BIG APPLE AGENCY授权机械工业出版社在中国大陆地区（不包括香港、澳门特别行政区及台湾地区）独家出版发行。未经出版者书面许可，不得以任何方式抄袭、复制或节录本书中的任何部分。

欢迎来到青春期：9～18岁孩子正向教养指南

出版发行：机械工业出版社（北京市西城区百万庄大街22号）	邮政编码：100037
责任编辑：刘利英	责任校对：马荣敏
印　　刷：保定市中画美凯印刷有限公司	版　次：2025年1月第1版第6次印刷
开　　本：170mm×230mm　1/16	印　张：16.25
书　　号：ISBN 978-7-111-68159-5	定　价：79.00元

客服电话：（010）88361066　68326294

版权所有·侵权必究
封底无防伪标均为盗版

谨以此书
献给我的父母和继父母，
是你们的关爱让我
不断成长

"一边握紧，一边放手"
——一位家长的现身说法

"我跟你说，养十几岁的孩子就像骑上一匹野马似的！你得一边握紧缰绳不让他们受到伤害，一边还得放手让他们自己去摸索道路。当然，有时他们会铁了心要把你甩下去，让你知道他们不再需要帮助了，不需要你来设定路线或者拖后腿了，所以你可能会被扔下马。但因为你爱他们，所以即便满身瘀青、精疲力竭，你仍然会振作起来，咬牙爬回马鞍，将他们带到终点。

"他们把这个过程称为'独立'。尽管你的付出得不到回报，但这是一场值得跑到终点的比赛，途中所有的波折坎坷都是值得的。因为我们双方都在做自己应该做的。"

作者声明

在本书中,关于青少年教养的想法和观点,均来自本人多年私人咨询及公开讲座的经验。通过观察和思考,我试图概念化并说明青春期通常是如何改变孩子并相应改变父母的反应以及亲子关系的。

对于这些变化,我更多的是从倾向性而不是必然性的角度来考虑的,因为没有任何一种关于青春期的描述符合所有的变化。至于书中引用的案例,都是我为了说明关键的心理学观点而虚构的。任何与过去或现在的真实人物或生活情境雷同的地方,都纯属巧合。

前　言
为什么要写这本书

"数月之前，那个讨人喜欢的小可爱还快乐地和我黏在一起呢，现在她却跟换了个人似的！谁偷走了我的乖孩子？"

为什么要写这本书？简单地说，当孩子进入青春期时，大多数父母不知道该如何处理与子女的关系。我们不妨来看看下面这三种常见的情形：首先，已经习惯了与孩子有亲密肢体接触的父母需要调整自己，去适应一个不想被搂搂抱抱而只愿接受小小拥抱的少年；其次，那个曾对父母无话不说的孩子现在变得不愿过多袒露心声了；最后，曾经在孩子崇拜的眼神里几乎不会犯错的父母，在青少年挑剔的眼光中很多事情都做得不对了。真是的，是谁把我们的乖孩子偷走了呢？

到底发生了什么？随着为人父母的感觉越来越不一样，一位母亲这样反思："我们还在珍惜怀念那个可爱的小人儿呢，他就一天天长大了，这让人太难以接受了！"一位父亲也伤感地引用《绿野仙踪》(*The Wizard of Oz*)里的一句台词来形容自家孩子的青春期巨变："我老实告诉你，今时不同往日了！"

是谁夺去了父母在孩子眼中的魅力？不过，这种"失宠"的情形是双向的。随着父母越来越"不喜欢"他们那越来越不"讨喜"的青春期孩子，青少年也越来越瞧不上他们那不再那么理想化的父母了。对双方而言，那个存在于幼年的"蜜月期"——那段彼此欣赏的时光已经结束了。不过，失去的只是短暂的"迷恋"，而不是持久的爱。

在计划组建一个家庭并想象其具体情景时，很多人对"养孩子"的设想都不够长远。不过，从孩子9～13岁开始，一直到25岁左右，父母要面对的是一个越来越难以应付的青少年，而不是只需要照顾的小可爱了。父母和孩子双方需要学习的东西都太多了，所以在青春期养育中，双方都得在黑暗中摸索前进。父母的知识大多局限于他们业已了解的，而青少年此时的成长方式却前所未有。所以我认为，对青春期多一些了解很有必要。

养育青少年比养育儿童困难得多，但最难的部分往往最后到来。一般来说，在适应子女的青春期时，那些很难容忍关系发生变化的父母往往是最难的，因为这是一个关于如何重新定义关系的时期。

无论组建家庭的时间是早是晚，有一点千万谨记：为人父母是一个终生的承诺，是一场持久的战役；同时，父母要对青少年可能经历的那些发展性变化做好大致的心理准备。对父母来说，跟上青少年变化的最好方法就是建立一套现实的预期，提前了解孩子在成长的下一步会遇到什么。"我们不希望孩子在中学受到什么不公平对待，但如果这种情况发生了，至少我们不会感到意外。"

父母可能不仅会怀念逝去的美好时光，随着青春期的到来，孩子不断变化，他们还会持续地感到失落。成长并不是简单地从过去到现在，它还是一系列需要不断适应、持续向前的变化。在这个过程中，父母会觉得他们每个阶段都在养育不同的孩子，需要不断调整自己去适应不同时期的青少年：不管是不再那么依恋父母的青春期早期、更专注于自我的青春期中期、更喜欢冒险的青春期晚期，还是更彷徨无措的青春期末期。

那么，青少年会有哪些预期的发展变化呢？了解这些会对我们有所帮助。为此，本书将以描述性的语言、通俗规范的讲解引导父母去了解常见的青春期变化，并给出应对这些变化的实用建议。如目录所示，本书是按照便于读者阅读和搜索特定年龄及关注领域的结构编写的。总体结构如下：

第一部分描述了青春期是如何预示童年的结束（8～9岁），如何以不受欢迎的方式改变孩子并相应改变父母的反应以及亲子关系的。

第二部分描述了青春期早期（9～13岁）常见的问题以及与童年的告别。

第三部分描述了青春期中期（13～15岁）常见的问题以及建立朋友圈的复杂性。

第四部分描述了青春期末期（15～18岁）常见的问题以及青少年成长过程中的冒险行为。

第五部分描述了"试独立期"（18～23岁）常见的问题以及追求自力更生时会遇到的挑战。

第六部分描述了一些特殊的情况，其中四个让青春期变得更为紧张的因素是：父母离异、成长速度异常、任性固执、独生子女。

后记预测了一些成年子女教养方面常见的问题，因为"一旦为人父母，永远为人父母"，这是一份以各种方式进行的、持续终身的职业。

各个孩子之间存在着巨大的差异，所以，在描述青春期的一般过程和各阶段常见的问题时，我指的是这些问题发生的"倾向性"及严重程度，而不是"必然性"。虽然我指出的一些变化适合很多青少年，但没有任何一个适用于所有人。青春期就是如此变化无穷。如果一个家庭有多个孩子，那么父母会经历每个孩子不同的青春期。

虽然我认为养育青少年比养育儿童更具挑战性，但青春期的复杂性并不意味着父母注定要和孩子一起经历痛苦。并非如此。

"可怕的青春期"这一流行的刻板印象在很大程度上是虚构的。按照粗略的估计，我认为大约有三分之一的青少年在没有给家庭生活制造任何麻烦的情形下度过了青春期。我称他们为"乖巧青少年"。

另外三分之一的青少年偶尔会与家庭发生冲突，但问题在当时就会得到有效的解决。我称他们为"普通青少年"。

剩余的三分之一青少年遇到的困难足以让他们与父母的关系在一段时间内陷入困境。我称他们为"困难青少年"。在这种情况下，通常只有心理咨询师才能顺这团乱麻，让青少年和父母回到具有建设性的关系模式中。

不过，如果你家孩子是"乖巧青少年"，那你就不大可能遇到太多麻烦和冲突。为了履行职责，父母必须学会与青少年的变化共舞，能够带领的时候就带领，必须跟随的时候就跟随，一边握紧一边放手，始终予以关怀并保持沟通，尽管孩子会慢慢与父母渐行渐远，但这是必然的疏离。

有时，我会听到沮丧的父母这样发问："孩子一定要经历青春期吗？"为了孩子在精神、生理、性、心理和社会性发展方面的成长，我认为答案是肯定的。

此外，大家想想，我们的社会已经以多种方式为青少年提供了支持和庇护。我们有义务性质的K-12教育模式，这也是上班族父母养育孩子时能得到的主要帮助；我们有禁止成人工作场所雇用儿童的童工法；我们从法律责任和地位上对儿童、青少年和成年人进行了区别对待。由于这些社会性原因，我认为青春期会一直存在。

养育青少年的过程可能让人焦头烂额，因为做决定实在是太难为人了。例如，"允许还是不允许"，这是一个问题。没有哪位家长能做到永远正确。然而，这种有好也有坏的表现原本就是养育过程的一部分，因为不管父母的选择是什么，孩子长大后的生活都会一部分缘于父母的选择，一部分与父母的选择无关。在完成养育子女这一艰巨的任务时，能做到好坏参半已经是大部分父母的最佳表现了——有时强大，有时脆弱；有时睿智，有时愚蠢；有时体贴，有时自私；有时选择正确，有时决策失误。

当然，在对青少年的成长具有决定性的影响因素中，父母的养育只是其中一种——事实上，当你考虑到众多无法控制的强大影响因素时，如遗传的特性、社会的变化、偶然的机遇、同辈的影响以及青少年的个人选择，父母教养的影响相对更小。在大多数情况下，当父母全力以赴时，孩子基本上都能在他们的照料下成长为合格的青少年，尽管还有一些养育任务尚未完成，但这是因为所有养育都不可能包揽一切、尽善尽美。青少年必须自行处理那些未完成的事情（总有这样的时候，不管是什么事情），学会自我成长。例如，"怎样才能让生活支出不超预算，我还得好好学学"。

世上没有完美的父母，这可能是件好事。毕竟，要成为完美的父母，就得有一个完美的孩子，又有哪位慈爱的父母忍心将这样的压力放在成长中的孩子肩上呢？至于青少年反复试错的决策过程，我认为成长原本就是经常前进两步、后退一步，在反复的前进和后退中蹒跚走向终点的旅程。从错误中吸取经验教训是大多数青少年的学习方式。在帮助青少年从错误决策与不当行为中总结有用的经验教训时，父母需要首先让自己保持冷静客观。

在这个时候，最好记住几种能有效应对这种情况的方法。正常的成长过程就是不断尝试并不断犯错，有时候，父母很优秀，孩子也很优秀，但依然会做出错误的选择。一个糟糕的选择并不意味着孩子不好，也不意味着父母不好或他们的养育方式不好。一个糟糕的选择只不过是给父母提供了一个帮助孩子从错误中学习的机会。

最重要的是：千万不要把过程（process）和个人（person）混为一谈。

不要因成长过程中出现的发展性变化而责备孩子。例如，父母要认识到,那些在童年时就不服管教的孩子,极有可能在青春期早期(9～13岁)反抗得更激烈。但是,一定要让孩子将自己的反抗行为控制在适度范围内。这样的话,虽然会有更多意料之中的争执发生,但一定会在尊重与安全的前提下进行。让青少年为自己选择的表达方式负责。

接纳孩子的青春期,帮助孩子从小女孩成长为年轻女人或从小男孩成长为年轻男人,并欣赏这一神奇的蜕变过程。尊重你在这个复杂转变中所做的努力。虽然孩子把你的付出视为理所当然,但这并不意味着你不应该把这份重要的养育工作归功于你。你绝对应该!

请注意,我并没有什么标准答案可提供,有的只是一些亲子教育的经验和想法。我只想分享一下我所了解的青春期亲子关系以及与此相关的个人观点。因此,请按照你自己的意愿,接受你喜欢的,拒绝你不喜欢的,忽略那些似乎没有特别用处的。我的目的并不是告诉你应该如何教养青少年,而是向你提供我对这个问题的看法,帮助你找到适合自己的最佳方法。

致 谢

感谢《今日心理学》(*Psychology Today*)的编辑坚持每周发布我的博客——《挺过孩子的青春期》(*Surviving Your Child's Adolescence*)。多年来,他们为我提供讨论空间,让我得以创作、发表并向广大的网络受众传播与青少年养育中的无穷挑战相关的各种新理念。

感谢我的经纪人 Grace Freedson 不断为我的非小说类图书寻找出版商。

感谢我的妻子 Irene,感谢她愿意带着爱意与一个乐此不疲地沉浸在思想世界里的男人共同生活。

最后,感谢父母和青少年贡献的丰富资料,青春期的亲子关系中充满了与彼此、与自己的抗争,这让我充分认识到,在被称为成长、成熟或青春期的人生阶段到来时,为人父母者要面临的是何等艰难、何等有挑战的任务。勇往直前吧!

目录

作者声明
前　言
致　谢

第一部分　青春期的到来标志着童年的结束（8～9岁）
　　　　　　变化进行中
　　　第 1 章　孩子的变化　/2
　　　第 2 章　父母的变化　/18
　　　第 3 章　关系的变化　/34

第二部分　青春期早期出现的问题（9～13岁）
　　　　　　与童年的告别
　　　第 4 章　混乱与分心　/48
　　　第 5 章　怯于尝试与无聊　/54
　　　第 6 章　反抗与冲突　/65

第 7 章　不愿做家务和不愿学习　/81

第三部分　青春期中期出现的问题（13 ~ 15 岁）
建立朋友圈

第 8 章　青春与脆弱　/92

第 9 章　同龄人与高人气　/105

第 10 章　铁打的友情　/114

第 11 章　校园暴力　/122

第四部分　青春期末期出现的问题（15 ~ 18 岁）
表现得更成熟

第 12 章　冒险与准备　/134

第 13 章　约会与浪漫　/142

第 14 章　物质使用　/155

第 15 章　互联网　/168

第五部分　"试独立期"出现的问题（18 ~ 23 岁）
自力更生

第 16 章　毕业分离　/180

第 17 章　苛求与压力　/186

第 18 章　自律的必要　/193

第 19 章　争取独立　/198

第六部分　特殊情况
让青春期变得更紧张的因素

第 20 章　父母离异　/214

第 21 章　成长速度异常　/225

第 22 章　任性固执　/230

第 23 章　独生子女　/237

后记　教养成年子女　　/241

第一部分

青春期的到来标志着童年的结束（8~9岁）

变化进行中

在任何一段持续的关系中，当其中一方的行为或想法发生明显改变时，另一方就会受到影响，并在一定程度上做出相应调整。

进入青春期后，不仅青少年要重新定义自己，父母也要重新定义他们的养育角色，以应对这种转变。这种相互作用对双方都具有发展意义上的影响，因为青春期使彼此都成长了，在这个过程中，每个人都成熟了——青少年日渐长大，成年人更趋老练。

所以一定要了解青春期所具有的强大影响力。它不仅改变了孩子，也改变了父母对这些变化的反应，还改变了他们之间的关系。

第 1 章

孩子的变化

"想想吧,如果你忠诚的狗开始表现得像猫一样冷淡疏离,你会怎样?"

在我们的一生中,不管是内心世界还是外在现实,都在一刻不停地发生变化,这个变化过程不断地颠覆和重置我们的生存条件。它不断改变我们的环境、体验或状况,从旧的、相同的、已知的,到新的、不同的、未知的。青春期就是这样一个不断经历变化的过程,所以父母要应对的挑战实在是太多了:重设心理预期、识别青春期迹象、了解青春期的基本变化、密切留意孩子的自尊。

重设心理预期

我所说的预期,是指人们选择持有的那些心理定式,这些心理定式帮助他们在漫长的人生中,在时间的流逝和环境的改变中预估自己的应对方式。人类的必备技能之一,就是知道如何为将来做好现实的准备。

在养育进入青春期的孩子时，父母能否预见孩子的下一步变化很关键。当一些正常的改变、矛盾、问题和冲突出现时，对常见青春期变化的现实预期可以使父母避免被蒙在鼓里。为了理解现实预期的重要性，可以考虑一下当预期不现实时会发生什么。具体地说，不妨考虑一下当三种预期（预测、期许和条件）不现实、不符合青少年的成长现状时，会发生什么，父母又会产生怎样的情绪反应。

未实现的预测（父母认为"会发生"的事情）会导致父母的焦虑和担忧。"发生什么了，为什么孩子不像从前那样喜欢和家人待在一起了？"

未如愿的期许（父母"希望发生"的事情）会让父母感到失望、被辜负。"发生什么了，为什么孩子不像以前那么用功了？"

未满足的条件（父母认为"应该发生"的事情）会让父母感到愤怒、被背叛。"发生什么了，为什么孩子不像以前那样什么都跟我们讲了？"

现实的预期可能是：相对父母而言，青少年更愿意与同龄人为伴；学习成绩不再是个人的头等大事；与父母的交流中会出现更多疏忽大意或故意为之的谎言。拥有现实的预期可以帮助父母冷静地调整自己的情绪，并对一些虽令人难以接受但通常会出现的发展性变化做出理性的反应。

一些预设的心理定式，如心理预期（无论是预测、期许还是条件），如果没有得到满足，就可能会产生一些不愉快的情绪，所以，在任何一种事与愿违的情形下，父母都有可能情绪失控。例如，当他们被焦虑、失望或愤怒冲昏头脑时，就会不假思索地说出一些不该说的话，让大家都不好过。

"你过去是多棒的一个孩子呀，现在是怎么回事？"

"你在学习上变懒了！"

"我再也不能相信你了！"

当然，正如前面描述的那些常见青春期变化一样，"预期"某些变化会发生并不意味着要"接受"或"赞同"。我认为父母要坚持让孩子做到：①一直参与家庭生活；②努力学习、不放松；③和父母说真话。但是，如果他们已经预料到青少年可能会出现一些与童年行为相比令人大跌眼镜的行为,那么一旦发生这种变化,他们做出冲动、过度或适得其反的反应的可能性就会小很多。

事实上,如果对孩子更"青少年化"的表现早有预期,父母就可以冷静地、理性地、实事求是地、恰如其分地解释正在发生的事情。"我们理解,你这个年龄的孩子可能会变得跟以前不一样。你可能认为,用不着跟着我们一起出门了,可以不写学校留的作业了,不想说的事情就可以不跟我们说了。当然,这些态度上的变化都是正常的,因为你觉得自己不是小孩子了,想表现得更像大人了。我们说这些不是在批评你,也不是要说服你改变想法。虽然我们对你的这些态度改变并不意外,但这并不说明我们打算接受你的那些行为。只要你还在我们的照管之下,我们就得为你操心。所以,有些话我们要跟你说清楚。在家里你不能当甩手掌柜,在学校要按时完成作业,大小事情都要告诉我们,不准隐瞒、不准撒谎。这是硬性要求,要是做不到,你就得受点惩罚。"

那么,父母从何得知孩子的青春期什么时候开始呢?

识别青春期迹象

事实上,这并不难判断。以下是大约 29 个恼人的行为变化,通常出现在 9~13 岁之间,也就是小学高年级或初中低年级。这些变化通常让父母不愿接受,因为它们发出了青春期已经开始的信号。

为什么是"恼人"的呢?因为这些变化和其他类似的变化消除了父母对一个孩子的过往定义,这个定义是父母业已习惯的,却是孩子想努力去改变的,因为他想开始一段个性化的、独立的成长过程。

在下面列出的各种迹象中,如果你的孩子至少表现出其中的一半,我建议你不要用行动让孩子感觉他们自己做错了。你要做的,是从中判断出孩子已告别童年,进入了青春期,并相应地调整你的心理预期。下面列出

的这些标志性的行为并不详尽，顺序也完全随机。

- 越来越觉得父母为人处世的方式令人尴尬。
- 似乎认为父母无甚见识。
- 变得更爱争论。
- 对父母行事不公的抱怨越来越多。
- 延迟回应父母要求的情况越来越频繁。
- 经常试探父母设定的底线，看看有哪些是可以逾越的。
- 学习动力减小，越来越不愿做功课。
- 越来越容易分心、无法专注。
- 变得更加没有条理和健忘。
- 房间越来越乱。
- 对家务和学习的牢骚更多。
- 越来越不愿敞开心扉。
- 想要保留更多的个人隐私。
- 越来越容易感到无聊。
- 对表达爱意的身体接触接受度降低。
- 在家里越来越以自我为中心。
- 相比与父母和家人待在一起，更重视与同龄人的相处。
- 越来越注重个人的外表和衣着。
- 一心追求更多的社交自由，尝试新的个性表达。
- 越来越在意自己的表现，对自己越来越挑剔。
- 出门前会花更多的时间来准备。
- 面对父母的取笑和批评更容易感到受伤。
- 更容易被新媒体和娱乐偶像所吸引。
- 变得更为喜怒无常，容易情绪紧张、心烦意乱。
- 与同龄人的关系因为"社交暴力"（取笑、排斥、霸凌、造谣和围攻）而变得更复杂了。
- 不想早早上床，变得更喜欢在晚上活动。
- 开始努力让自己表现得更有女人味或更有男子气概。
- 越发沉迷于社交媒体、短信和互联网娱乐。
- 认为父母的付出和帮助是理所当然的。

你只需把那些符合你家孩子实际情况的变化标出来，如果标记的项目占到了50%甚至更多，那么恭喜你，你的孩子已经步入青春期了。现在，养育任务中越发艰难的那部分开始了，你必须摸爬滚打去搞清楚什么时候该握紧孩子的手，什么时候该放手；什么时候该引导，什么时候该跟随；什么时候该说出你的想法，什么时候该保持沉默。而与此同时，你要时刻保持与孩子的紧密联系，关切地嘘寒问暖，尽管随着青春期的开始，孩子会慢慢与你疏远。这样的情形是无法避免的。

重要的是，父母千万不要在孩子的童年结束后，还恋恋不舍地抓着童年时期的关系模式不放。虽然父母仍然可以与孩子一起共享美好时光，但那段充当孩子最佳玩伴、密友的珍贵时光已经结束了。然而，有的父母经常会鼓励孩子表现出一些更幼年化的行为，因为他们很怀念这些行为，不但如此，他们还会悲哀地将现状与过往进行比较，批评孩子身上那些他们不喜欢的变化，拼命拉着孩子不让他与自己保持距离，让孩子迟迟无法独立。青少年有时会说："我的父母不乐意看到我长大！"

当孩子结束美好的童年时光，进入青春期时，父母会备感惆怅，上面列出的那些恼人的青春期变化更是让他们深感难熬。他们不仅失去了那个可爱的小人儿，还必须面对一个越来越难对付的青春期少年，这个少年开始与他们对着干，扑腾着要挣脱他们的控制，为了获得成长的自由想远远地绕开他们。

青春期是一个让父母的养育显得吃力不讨好的阶段，此时父母必须继续尽职尽责地提供一个有关规则和期望的家庭结构，在此过程中，有些做法如实地代表了青少年的最大利益，但往往会与他们的迫切愿望背道而驰，父母必须容忍青少年越来越多的反抗和冲突。在这个阶段，恪守父母职责的行为并不讨孩子喜欢。此外，一定要对青少年的所作所为予以积极的关注，欣赏他们的做法，这比以往任何时候都更重要，否则父母的管教只会被青少年视为抱怨、批评和纠正。"我父母总觉得我做什么都是错的！"

对父母来说，最好的做法是欣然迎接青春期的到来，把它视为和童年一样神奇的成长过程，只不过稍有不同罢了。看着女儿逐渐亭亭玉立，看着儿子逐渐健壮魁梧，而父母在这个非凡的转变中扮演着如此重要的角色，这是何其有幸啊！

了解青春期的基本变化

进入青春期后，父母该如何对那些属于童年的亲子互动行为进行调整，该如何调整对青春期孩子的预期呢？现在让我们来看看下面六种常见的方式。

从命令到同意

童年时期，孩子相信父母有命令他们做什么、不做什么的权力；而到了青春期，他们已经知道，不经过自己的同意，父母不能强迫或阻止自己做任何事。青少年会得出这样的结论："要不要听爸妈的，我自己说了算！"到了这个时候，父母必须苦口婆心地说服孩子以取得他们的合作和同意。青少年现在已经有能耐就事论事地与父母据理力争了，而且会经常这么干。对青少年来说，这一认识以及随之而来的一切可能性委实令人兴奋，但同时也很可怕，因为这种解放会给他们带来更多防不胜防的世俗伤害。正是因为意识到了过度自由的危险，青少年才会同意接受来自父母的规定和限制。正是因为知道有些自由弊大于利，青春期的孩子心里才明白，来自父母的要求和约束是有保护作用的，即使他们总是抗议父母"过度保护"。

对此，父母可以这样向孩子简单地解释一下那些费力不讨好的家长职责：

"我们给你立规矩、提要求，是为了让你谨言慎行、择善而从，保证你的自由不过火，监督你的行为不逾矩，这是我们的职责所在。"

从奉献到抱怨

童年期的孩子认为自己应该为父母做一些事情，这通常是为了取悦父母，能够有所付出也让他们备感自信；而青春期的少年则不太愿意去做父母想让他们做的事情了，他们更乐意参加让自己开心的娱乐活动。所以，童年期的孩子可能会比较享受参与家务劳动，因为这样让他们觉得自己是小大人了，而青春期的孩子则会把帮忙做家务看作一种负担，他们往往会抱怨并反抗。"凭什么让我干活？我忙着呢！"

青少年会变得更醉心于自己的乐趣，不再热衷于为家人做事，无论什么时候让他们干活，似乎他们都有冠冕堂皇的借口。因此，父母可以采取公平分担的立场，对青少年实行互惠策略。告诉青少年你打算如何与他建立双向的奉献关系，在这种关系中，父母的需求和他的需求都能得到满足，而不仅仅是他的需求得到满足。

不管孩子提出什么反对意见，父母都可以这样解释："一直都是我们帮你做这做那，希望你也能帮帮我们。"

从坦荡到隐藏

童年期的孩子认为，父母有权向他们发问并得到完整而真实的回答，所以他们会比较坦诚；而青春期的少年则不会那么全盘托出了。他们意识到，在父母眼里他们变成了一个非常重要的角色：如果父母想了解孩子生活中发生了哪些事情、孩子有哪些想法，就只能依靠孩子来提供信息。青少年成了自己的发言人，父母只能眼巴巴地指望孩子主动披露过去做过什么、现在正在做什么、将来会做什么。在此过程中，父母给了孩子选择披露什么、隐瞒什么的权力。而孩子也知道，为了获得更多行动自由，他们如何履行"发言人"角色很重要。"我能被允许做什么，部分取决于我决定讲什么。"

所以，有时候，为了保护和增加个人自由，孩子们会报喜不报忧。这样一来，为了保守更多的隐私和秘密，为了拥有更多选择，或者为了掩盖自己的不诚实，与相对坦诚的童年期孩子相比，青春期少年隐藏的东西更多。青少年开始过一种双面生活——一种是父母知道的，一种是父母不知道的。从此时开始，父母只能将就用孩子提供的信息去了解他们，虽然这和理想中的信息量相差甚远。

面对为数不多的信息，父母要明确地告诉孩子，他们需要向父母进行更充分、更准确的披露，并向他们解释为什么这一点很重要。"在我们的关系中，没有真相就没有信任，没有诚实就没有亲密，没有真诚就没有安全，这就是为什么我们希望你说实话。尤其是当你遭受痛苦、遇到麻烦或危险的时候，把真相告诉我们很重要。你对我们保守秘密的同时，也就把我们的帮助拒之门外了。"

从在乎到冷酷

童年期的孩子会由衷地欢迎父母回家，他们会张开双臂迎接父母。父母回家意味着孩子有机会和他们待在一起。然而，在青春期这个更以自我为中心的时期，青少年似乎根本没注意到父母回家了，甚至会对父母的问候置若罔闻，还有可能立即躲进卧室、把门关上。这种冷淡并不是因为他们对父母没有爱，这是一种懒得应酬的表现。部分原因是他们想让自己表现得更成熟，这就意味着要与父母保持更大的距离；还有一部分原因是观念上的转变，在儿童眼里，"父母是朋友"，而在青少年眼里，"父母是监护人"。青少年更愿意花心思和朋友往来唱和，却提不起兴致与家人相处，所以对父母来说，保留与孩子相处时的温暖和亲密越来越难了。青少年这种对父母缺乏由衷关切、态度随意冷淡的状态会有多严重呢？这通常取决于他们的心思完全放在个人生活上的程度。不过，这并不意味着他们再也不爱父母了。

对此，父母不必表现得很受伤或者也报之以冷漠，而要继续关心孩子，在孩子需要的前提下随时与他交流并陪伴他。父母只需告诉孩子："你有了朋友，我们很高兴，但我们也希望能和你共度一些美好的时光。"

从赞叹到批判

童年期的孩子通常会仰视自己的父母，看向他们的目光是充满仰慕和崇拜的；青春期的少年则会从更现实的角度去审视父母。毕竟，青少年知道他们现在正行进在通往成年的路途中，要认同的最强大的成人榜样就是父母。可是，青少年怎样才能达到理想榜样的标准呢？他们做不到。正是因为达不到这样的完美程度，所以，他们需要先把父母变成普通人。

"你没那么伟大！"

"你根本就不懂！"

"你也不是什么都知道！"

"你也不是做什么都对！"

"你也搞砸了！"

找出父母的弱点、失败和缺陷，挑剔他们为人处世的方式，就这样，青少年把自己的成人榜样变成了普通人。意识到父母是不完美的普通人，这有助于青少年去接纳不完美的自己。

对孩子的这种批判性态度，父母可以表达理解，承认自己身上有普通人的缺点，还可以偶尔有意幽默而谦逊地放低身段，为可能造成的冒犯或伤害道歉，并对孩子强于自己的地方表示欣赏。他们可以这样说，"我们也会犯错。很抱歉我们有时会让你感到难受，其实有很多事情你都做得比我们更好。"

从相似到差异

童年期的孩子希望长大后成为像父母一样的人,这样就能和生活中最重要的大人有更多相似的地方,并以这样的方式和他们密切相连;而青春期的少年则想变得与父母不同,成为一个更"像自己"的人。成长是一段需要不断放弃的旅程,所以途中必然会失去一些属于童年的东西;青少年要培养对个人而言更具吸引力的独立爱好,所以必然要放弃一些和父母共享的活动。父母常会发出这样的感叹:"十几岁的孩子已经不喜欢和我们待在一起了,对生活的看法也和我们不一样了!"青少年也承认:"我不想再和父母一起玩小孩子的游戏了,对他们的观点也不那么赞同了。"青少年会刻意追求与童年不同、与父母不同,此时的他们会努力让自己与同龄人更相似,并开始发展出自己的个人观点。

"父母不了解我和朋友们喜欢做的事情,不理解我现在对事物的不同看法。"

对此,父母可能需要放弃一些属于孩子童年的旧有乐趣,关注两代人之间日渐增加的观念差异,以更好地了解越来越有主见的青少年发展出的新品位、新信仰。他们可以这样问:"你能和我好好说说你喜欢的这些东西吗?我也想了解一下。"

在以上列出的六种变化普遍存在的情形下,随着青少年更坚定地声称自己需要独立和个性,青春期也会颠覆童年期的亲子关系模式。如果说童年期更多是"由你(父母)做主",那么青春期则更像是"由我(青少年)做主"的时代。不过,青少年也逐渐明白了该如何有技巧地对亲子关系施加影响,让父母感觉良好。"为了与父母和睦相处,为了从他们那里得到我想要的东西,表现得乖一点是很有用的。"为此,青少年可以暂时按下"复位按钮",回到"儿童设置"模式,重新激活那些可以取悦父母的旧行为。这里有一个经久不衰的策略:"要想从父母那里得到我想要的东西，最好的方法就是先表现得乖巧一点，让他们有个好心情。"

在很多情况下，"乖巧"可能意味着服从父母、帮忙做家务、信任父母、表现出对父母的关心、赞扬父母、和父母分享一些共同的兴趣爱好。而且，如果父母非常在意是否有一个这样乖巧的青春期孩子，那么无论何时，只要上述任何一种贴心行为出现，父母都会给予积极的关注。最重要的是，父母也应该保持对孩子的亲切和体贴，因为青少年仍然很在意父母对自己的态度，即使他们表现得似乎不在意。进入青春期之后，青少年可能会私下认为父母不像小时候那样爱自己了，他们会在心里悄悄地为此难过（因此青少年会嫉妒那些仍然有能力取悦父母的弟弟妹妹）。

"你爱他们胜过爱我！"

父母必须调整他们的预期，以适应与青少年之间的关系变化——独立减少了依赖，个性减少了相似，距离减少了亲密。现实的情况是，当孩子进入青春期后，父母必须开始学习如何更多地按照青少年的方式生活。在青春期结束时，他们必须接受自己在青少年眼中不复以往的地位，包括权威、知识和优先权方面，因为青少年想要更多的自主权。最重要的是，父母一定要关注青少年在自尊方面面临的挑战，也要关注与他们自己有关的、不断变化的挑战。

密切留意孩子的自尊

一个常见的问题是："'自尊'这个概念有用吗？"

我不知道这个概念在心理学研究中有没有用，但在心理学应用（我的工作领域）中，对于父母和青少年来说，这个概念确实是有用的。在下面的内容中，我们要探讨的是"自尊"的一种操作性定义，并举一些能体现"自尊"力量的例子，最后还会给父母一些提醒。

我把"自尊"（self-esteem）定义为由两个词合成的一个词。把这两个词分开来看，合成词的含义就变得清晰明了。"自"（self）是一个描述性的概念：通过哪些具体特征来确定"我"是谁？"尊"（esteem）是一个评价性的概念：用什么标准来评价"我"这个人的价值？

自尊与一个人如何描述和评价他对自我的定义有关。

在青春期，自尊创造了一种非常强大的思维模式，它不仅可以过滤生活经验（"我如何看待发生在自己身上的事"），还可以激发行为（"我想为自己做什么"）。作为过滤器，当受到不公平对待时，低自尊或消极自尊就会跳出来担责（"我活该受到不好的对待"）；而作为激励因素，它会限制一个人想要达到的目标（"对我这样的人来说，过得去就行了"）。作为过滤器，高自尊或积极自尊会拒绝不公平对待（"没有人可以这样对我！"）；而作为激励因素，它可以提出有助于实现个人梦想的目标（"我值得尽我所能！"）。

我认为，说到对青少年自尊发展的影响，父母大有用武之地——他们可以鼓励青少年更全面地定义自己，更温和地评价自己。

在支撑自尊的两大支柱（指"自"和"尊"）中，如果只有一个得到了有意义的发展，那么它的定义就过于狭隘了，这可能会让人付出沉重的代价。如果一个年轻运动员对自己的定义完全取决于在赛场上的表现，那么当严重的伤病结束了他原本前途无量的运动生涯时，他就会失去自我。处于这个阶段的青少年没有其他自尊支柱可以依靠，因此他们会体会到无法承受的失落。你也可以想想那些具有完美主义倾向的青少年，他们不能容忍丝毫错误，当错误无法避免地发生时，他们会大发雷霆。如果你问青少年为什么要用这么痛苦的方式对待自己，他们就会把自我惩罚描述为一种必须要做的事情。

"谁让我把事情搞砸了呢，这是自作自受。希望这个教训能让我下次表现得好一点。"

但我认为，自责只会浪费精力、伤害感情，让自己更难恢复元气。对自己的定义最好能广泛一点，对自己的评价最好能温和一点。

当然，自尊并不是一成不变的，它会随着人生的起落而起伏，尤其是在青春期这段充满变化的岁月里。在青春期结束的时候，青少年需要完成两个目标：获得恰当的身份认同；获得功能上的独立。对他们来说，在这段青春旅程中的每一个阶段，都必须面对人生的各种变化、对自尊的种种挑战。青少年必须不断重新定义自我，不断重新评估他们在这个过程中的作为。青少年极易因为误解、犯错或不当行为而气馁，缩回到一个更狭隘的自我定义中自暴自弃。此时，应该做的是尽力去滋养自尊，而不是削弱自尊。

父母应该对青少年的自尊状态保持密切的关注。它的基础是否足够广泛？是否肯定多于批判？陷入狭隘的自我定义及有害的自我评价可能很危险。最糟的是，当有抑郁、成瘾、自残倾向或受到伤害时，青少年可能会贬低自己，认为自己一无是处。为了提高孩子的自尊，父母可以这样说："去找一些你觉得有意义的事情做，就算诸事不顺或暂时失利，也不要自暴自弃。"

下面我们来讨论一下，当青少年必须在每个阶段重新定义自己（"我在做什么？"）并重新评价自己（"我做得怎么样？"）时，他们的自尊会遇到哪些常见的挑战。

在青春期早期（9～13岁）与童年告别时，青少年必须放弃"父母的心肝宝贝"这一定义和价值，开始在一个家庭圈子以外的更大世界中体验生活，尝试着表现得更成熟。在这个阶段，父母必须对这种巨大的失落保持体谅与理解，对孩子离开舒适、安全的童年世界并踏上令人生畏的成长旅程这一充满勇气的行为表示赞赏。

父母可以这样说："你在一天天长大，但长大不是那么容易的事情。你会想念美好的童年时光，就算心里打鼓，也要表现得像模像样。这些都是正常的。"通过理解孩子的失落，尊重他们面临的挑战，父母可以帮助孩子在这样脆弱的时刻培养出积极的自尊。

在青春期中期（13～15岁）建立属于自己的朋友圈时，青少年不得不在社交中与更多的不友好行为做斗争，因为缺乏安全感，同龄人之间会争夺地位和归属感，有时候会对同伴不善，特别是在学校里。在这个阶段，父母必须郑重地告诉孩子，他们知道青少年面临的社交环境会比以往更艰难，如果遭受任何社交暴力（取笑、排斥、霸凌、造谣、围攻），希望孩子能够如实告知他们。他们希望能够给自己的孩子一些情感上的支持，或者提供一些有用的指导建议。父母可能会说："如果你被嘲笑或辱骂，不要认为这是你的问题，这真的是因为对方是个不在乎别人感受或想要欺负别人的人。"父母应帮助孩子认识到，在与朋友的交往中可能会遇到很多复杂的情况，这样孩子就不会把别人的不善归咎于自己，这有助于提升他们的自尊。

在青春期末期（15～18岁），青少年开始表现得像个大人了，他们把约会、开车、聚会和物质（如酒精、大麻或香烟等）使用视为走向成年的必经之路。这些活动往往伴随着危险，却让青少年难以抵挡其诱惑，当冒险为之并造成伤害时，可能会给青少年造成严重的损失。在这个阶段，父母必须尽最大努力如实地告诉孩子，生活中有哪些选择会让人失控，这样青少年就能从父母的知识和经验中吸取教训。父母可以这样对十几岁的孩子说："随着你一天天长大，你会对一些更成人化的事情跃跃欲试，但生活也会因此增加更多风险。在这种关键时刻，一定不要冲动行事，要保持头脑清醒，在行动之前多花一点时间思考。使用物质不仅会影响你的情绪，还会损害你的判断力。"实事求是地和孩子讨论谨慎行事的重要性，这样父母就可以帮助孩子做好面对那些更危险时刻的准备，提升他们的自尊。

在"试独立期"（18～23岁）更想依靠自己时，青少年会发现，他们还没有做好自力更生、当家做主的充分准备，所以会出现行差踏错、违背承诺、缺乏自律、迷失方向的现象，有时还会失足。在这个阶段，父母必须做好随时提供帮助的准备，不是以管理者的身份前来干预或救援，而是作为成年导师，在青少年寻求帮助时分享自己更长的人生阅历中积累的经验。

父母可以这样说："我们并非无所不知，但在你打算做事的时候，我们会很乐意成为你的智囊团，分享我们一路走来得之不易的一些经验教训。"十几岁及刚成年的这段时间，正是青少年被各种要求压得喘不过气来的阶段，作为成年人，父母的经验与教训是宝贵的资源，他们可以知无不言、言无不尽地提供给子女，这同样可以提升孩子的自尊。

在每一个充满挑战的阶段，青少年都易于气馁，易于进行狭隘的自我定义（缩小）和消极的自我评价（惩罚），这使得他们更难维持积极的自我认知和良好的适应力。

父母还需提防的是，他们自己也有可能掉进"自尊"的陷阱。养育子女是一项高投入的活动，在孩子的成长岁月里，父母需要付出大量的时间、精力、资源和关心。这往往意味着自我牺牲，即为了心爱的孩子把自己的需求和欲望放在一边。父母付出了这么多，必然会期望得到回报。例如，世俗的看法是，孩子成功与否能很好地反映出父母的教养水平，父母可能也是这么认为的。

所以，父母可能会把个人自尊与孩子的行为和表现联系起来。有的父母可能会说："为人父母是我自我定义中的一部分；孩子的成长状况是我自我评价中的一部分。"在某些极度渴望成功、社会竞争激烈的育儿亚文化中，父母经常会被问到一个意味深长的问题："你的孩子表现如何？""与谁相比？"他们可能会如此焦急地反问。

如果父母把自尊压在青春期孩子的肩上，简直就是在为难自己。有的父母会说："我对自己的感觉取决于，和同龄人相比，我的孩子表现如何。"请尽量不要让社会竞争给你的教养方式带来不好的影响。另外，最好不要让青少年感到身负重任或必须"好好表现"来支撑父母脆弱的自尊——"我一定不能让父母失望！"

请理解这种父母立场的脆弱。如果把为人父母的身份看得太重，忽视了其他个人定义，就会出现自我忽视的问题。"养育子女就是我的一切，有时我觉得自己做得还远远不够！"

如果相信"父母＝孩子"这个等式，父母的自我评价就会出问题。这个等式可以解释为，孩子的表现是衡量父母表现的一种方式。家长可能会得出这样的结论："我的孩子表现如何，可以说明我作为家长的表现如何。"

当孩子表现好的时候，父母最好不要说"我们为你的表现感到自豪"。与其用这种方式来暗示对自己的祝贺，还不如简单地说一句："好样的！"

当然，与小孩子不同的是，青少年对维护父母自尊这件事不那么配合。一般来说，当孩子还处于仰望父母的年纪时，他们会真心实意地表达对父母的钦佩和欣赏，让父母的自尊得到极大满足；与此形成对比的是，不那么上心的青少年更倾向于看轻父母的表现，用挑剔和抱怨来打击父母的自尊。

"我从十几岁的孩子嘴里听不到几句好话。大部分情况下，我的付出都被视为理所当然，所以我想也只能认命了。"对此，我的回答通常是："你要知道，如果你想让孩子感激你的辛苦养育，完全可以理直气壮地这样要求。"

为了保持健康的自尊，父母需要更广泛地定义自己，更温和地评价自己。用这两种方式来善待自己，父母不仅能在青春期这段对孩子来说不可避免的困难时期更好地支持他们成长，还为孩子树立了榜样，让他们知道如何维护积极的自尊。父母甚至可以直接告诉孩子如何做到这一点："对我来说，努力比结果更重要，因为前者可控，而后者通常不可控。所以，即使我不能总是得偿所愿，也会因自己的坚持而心安理得。"

最后要强调的是，父母的赞同和反对实在太具影响力（即使是对那些宣称"我不管你怎么想"的青少年而言），所以，任何来自成年人的批评都必须谨慎。破坏性的批评往往具有攻击性（"那是一件愚蠢的事情"），并对青少年的自尊造成伤害；建设性的批评则有助于提高自尊（"这可能是一种更有效的方法"）。智慧的父母会观察到两者的不同。父母最好说"我很在意你的某个方面"，而不是问"你这是什么毛病"？

第 2 章

父母的变化

"我曾对孩子幼时的成长充满欣喜,但对十几岁的孩子,我恨不得让他成长得慢一点!"

在我看来,青少年要在青春期努力完成两个主要的发展目标。第一个是通过学会承担自我管理的责任,实现自力更生,完成社会功能上的独立。

"我能照顾好自己。"

第二个目标是获得足够的自定义个性,完成恰当的身份认同。

"我知道我是谁。"

这就是青少年面临的挑战:成为独立的、个性化的自己。父母要做的就是使这个过程得以顺利完成。

从养育儿童到养育青少年是一个复杂的转变,接下来,我希望通过对这一挑战数个方面的探讨,尽量将这一过程简单化。

依恋与相似

让我们从头说吧。在童年期,儿童需要与父母建立两个重要的人际联结，来将自己锚定在家庭的港湾里，即对父母的依恋和与父母的相似。依恋是通过亲密行为发展起来的，例如安抚、照顾和交流，通过这些行为，父母帮助孩子在对这些关爱自己的成年人的依赖中培养出基本的信任。相似是通过相互模仿形成的，例如重复、跟随和分享，在这个过程中，与父母相同的地方越多，就越能让孩子感觉自己与父母密不可分。在人生这一早期阶段，依恋与模仿会将父母与孩子牢牢地联结在一起。

随着青春期的开始（通常在 9～13 岁），这两个重要联结开始变得松散了：孩子逐渐告别童年，独立于家庭，父母从此开始见证孩子的成长。于是，一个缓慢的发展过程开始了：父母和青少年一点点放开对方的手，接受彼此之间越来越远的距离，这一过程通常要到孩子 25 岁左右才会逐渐结束。接下来让我们来看看，青少年是如何发展出独立的社会功能和恰当的身份认同的。

独立性的发展

为了获得独立，青少年开始脱离童年和父母，因为家庭之外的生活引起了他们更强烈的好奇，激发他们进行更多的探索。为了获得必要的成长空间，他们开始挣脱、反抗并绕过父母的权威，以此摆脱对父母的依恋。随着青少年越来越坚持个人自由，对父母的要求和限制越来越抗拒，父母有时必须制定一些不受欢迎的规矩："你不能"和"你必须"。

父母面临的问题是，要在什么时候退后并放手，应该做到哪种程度。例如，当充满好奇、爱冒险的青少年渴望去探索网上网下的世界时，父母应怎样把握这个自由度？因为面临着越来越复杂的情境，需要父母做出成熟的判断，所以，相对于养育依赖父母的儿童，养育正走向独立的青少年通常需要进行更多的思考，解决更多的问题。

对父母来说，这种走向独立的过程可能是可怕的，因为他们担心自己一旦放手，就会失去对孩子惯常的控制，担心会将孩子置于险境。

"现在孩子离家和朋友们待在一起的时间更多了，我们要照顾和保护她就更难了！"

因此，对父母来说，主动后退并放手，给青少年更多自由，敢于让更多危险进入青少年的生活，是一种需要勇气的行为。

"她第一次出去和人约会？这太可怕了！""他拿了牌照后第一次开夜车？这太可怕了！"

父母通常会对孩子的能力进行评估，看他们是否做好了独立的准备，并在此基础上决定是否可以尝试着放手。这种能力综合了细心程度（深思熟虑）、实际表现（实践经验）和责任感（责任担当）。此外，还要看孩子对自由的渴望程度——是否认为成长的必由之路就是获得更多自由。

"我以前从未做过，但这并不意味着我不可以尝试一下！"

对青少年来说，获得更多行动自由是成长的唯一途径。

身份认同的发展

为了获得身份认同，青少年开始变得和童年时不一样，开始追求与父母的不同。他们似乎想通过言行举止来表达"我和小时候不一样了，我和你们（父母）不一样了，我的行为也和你们希望的不一样了！"这个时候的青少年会尝试各种形式的自我定义，比如服装、房间装饰及休闲方式。青春期女孩有时可能对爱情小说和社交网络更感兴趣，而青春期男孩有时可能对色情文学和电脑游戏更感兴趣。这些表达方式对青少年来说是新鲜的，但在文化层面上却经常受到父母的质疑。到底有多少东西是父母应该调整心态去面对的？

差异化对父母来说可能是可怕的，因为它与传统上熟悉的、在儿童时期就被接受的那些东西格格不入。当青少年的"第二家庭"影响越来越大时，这种差异就更是被放大了。所谓"第二家庭"，是指经常和孩子在一起玩的同龄人，他们的共同点就是，都想让自己变得与众不同。青少年在追求个性的同时又需要保持归属感，聚在一起就拥有了志同道合的朋友。所以，可能某一天，父母发现从学校回来的女儿把头发染成了"炫酷蓝"，这是朋友们出于好意，占用午饭时间在浴室里帮她改头换面的成果。父母可能会因此觉得自己是个局外人，无法理解青少年正在形成的信仰、品位、价值观和爱好。当父母对陌生事物的容忍度受到挑战时，他们就需要一些时间来适应这些变化。而对于青少年来说，还有更多的个性化表达值得一试。

有两种方法可以帮助父母与日益独立的青少年保持联结，即非评价性纠正（non-evaluative correction）和事后教育（after-the-fact education）；有两种方法可以帮助父母与渐趋不同的青少年保持联结，即以兴趣弥合差异（bridging differences with interest）和处理不兼容差异（working with incompatible differences）。下面就让我们来逐一了解。

日益独立的青少年

青少年独立的目标是让自己行事更自由，但他们有时会被那些不被允许的自由所诱惑，增加违反家庭规则与要求的可能。负责任的父母会制定家规，并在青少年违反时出言纠正，教育他们谨言慎行。在一些关键时刻，焦虑、沮丧或生气的父母很容易对青少年大加指责，但这样做并不明智。尤其有害的是责骂，因为这种带有攻击性质的行为会造成伤害，还可能让业已紧张的亲子关系更疏远。

不要对孩子说"能不能不做那些不过脑子的事了"这类的话。

最好采用中性的语言，直接针对孩子所做的选择。在这种情况下，可以考虑使用"非评价性纠正"方法中的常用语言："我们不同意你做出的选择，因为……，我们现在需要做的是……，我们希望你能从这次经历中学到的是……"就事论事地对孩子的某个决定进行具体的陈述，不做任何评判，不使用任何可能刺痛孩子的语言。父母的批评不仅会伤害青少年的感情，还有可能让那些本可以得到的教训被情绪掩盖。

我可能会这样问青少年："你这个周末为什么被禁足？"

"因为我的父母就像往常一样，又生我的气了！"

这个时候，孩子根本没明白自己被惩罚的原因，只是一味沉浸在因自身遭遇而产生的情绪里。在上述例子中，孩子的自由暂时受到了限制，是因为上个周末偷偷溜出去了。如果采用"非评价性纠正"方法，父母可以这样简单地解释一下，"我们不同意你熄灯后溜出去，因为你不仅违反了咱们家的宵禁规定，还让我们很担心你的安全，所以我们希望你下周末待在家里，以提醒你遵守咱们家的规矩。"

在不断走向独立的过程中，青少年也有机会从"事后教育"这种方法中学到不少东西。重要的是，青少年千万不要过于迷恋自由而忽略了随之而来的所有风险。每一个"自由"的决定和随之采取的行动，都会导致某种后果，可能是意料之中的，也可能是意料之外的。对于年幼的孩子，父母会给他们制定一个"负责任"的行为指南，指导他们如何做决定。比如什么是安全的、明智的、正确的，而对于那些正走向独立的青少年，父母必须逐渐让他们学会为自由承担必要的责任，这样他们才能从中吸取教训。有时，"事后教育"是积极正面的："我考试考得好是因为用功学习了！"有时则是令人警醒的："我不知道欺负高一新生会被停学！"

由于需要承担随之而来的责任，青少年可能会对"自由选择"感到五味杂陈。他们想要自由，但又不想承担后果，所以会找各种借口。

"我不是故意的！"

"我没搞明白！"

"这不是我的错。"

"这是别人的主意！"

然而，无意、无知、否认和推诿只能让人逃避责任，培养不出责任感。

如果青少年无法看到或接受"选择"与"后果"之间的联系，不能承担该承担的责任，或者无法从中吸取教训，那么他们很有可能会重复自己的错误。这就是为什么在养育逐渐独立的青少年时，其中费力不讨好的部分就是让孩子对自己所做的选择负责。

"对不起，你这周六不能出门。希望下次你逃课时能慎重些。"

对日益独立的青少年来说，更多的自由和冒险将导致一些错误的选择，这是肯定的。当不幸、错误或不端行为发生时，父母该怎么办呢？严厉的批评可能会伤害青少年的感情，并使得其中的教育意义大打折扣，因此，与其抨击孩子的品行，不如采用"非评价性纠正"方法，只针对他们所做的事。与其出手帮助一个误入歧途的青少年逃避不明智选择带来的后果，不如让他被那个不愉快的后果狠狠教训一顿，这样才能让他吃一堑长一智。

父母可以逐渐向青少年灌输关于责任感方面的要求，言传身教，随着年龄的增长，他们会明白：每个人都必须在生活中遵循"选择"与"后果"之间的联系。例如，假设有一个单亲妈妈，她本可以出手干涉儿子的选择，并制止随之而来的后果；她本可以让孩子避免付出一定的代价，但她决定不这么做。她认为，为了让孩子从不愉快经历中得到教训（这种教训仅凭她的警告显然是做不到的），最好让他们去直面一个不明智选择的后果。所以，她告诉两个上高中的儿子，他们有早上自己起床去学校的自由。她不会监督他们，不会催促他们按时出门，因为她有更小的孩子要照顾。两个儿子很乐意，他们巴不得少点监督、多点自由。所以，他们在起床上学的过程中玩得不亦乐乎，没能准点赶上校车。当他们回到家问妈妈该怎么办时，她没有生气，没有训斥，也没有批评，而是让他们从自己的选择和后果中吸取教训。

"如果我是你们的话，我会让双脚派上用场。你们大约还有 20 分钟的时间，不想迟到的话，最好现在就开始跑。"

她后来告诉我们，两个儿子再也没有错过过校车。对于逐步走向独立的青少年而言，"事后教育"确实起到了指导作用。

当然，青少年通常不会感谢父母给他们吸取教训、改正提高的机会，所以采用这种方式的父母会发现好心没好报。

"你们不在乎我的感受！"

"你们不爱我！"

日益独立的青少年满心都是"若为自由故，一切皆可抛"，与这样的孩子打交道是很困难的，有时候父母会为了孩子的安全坚持让他们做什么或不做什么，或者坚持对他们进行指导，但青少年的反应往往会把父母搞得很难受。

在极端情况下，当面对一个我行我素或滥用物质的青少年时，父母需要很大的勇气才能采取这些立场，并且经常需要利用一些外部社会支持。想想那些滥用物质的孩子吧。这个世界充斥着各种各样的毒品，如果沉溺其中，会让人丢掉清醒的自制力，任凭冲动行事，随心所欲选择。如果青少年出现撒谎或否认滥用物质、假意承诺戒掉、请求第二次机会、痛哭流涕地恳求，或花言巧语欺骗父母，让自己免于承担恶果等情况时，父母就需要考虑是否给孩子的自由过了火。这个时候，对于青少年的意愿，父母要反其道而行之，但这是为孩子的最大利益着想，一定要坚持让他们为自己的"选择"承担"后果"。如果父母搞特例或为孩子找借口，就会事与愿违，相当于把想让孩子戒掉的物质亲自递到了他们手里。

渐趋不同的青少年

让我们思考一下这个来自家长的问题，"我们的女儿上了中学怎么就变成这样了呢？她的行为举止就像变了个人似的，完全不是我们熟悉的样子。发生什么了？"

答案就在问题中。青春期是一个充满蜕变的时期，而且注定如此。"行为举止就像变了个人"是他们应该做的事情之一。作为健康的青少年，他们不但要争取更多的成长自由，最终实现独立承担责任，同时还要尝试表达自己的个性，最终形成真实的身份认同。这是一个不断寻求与父母不同的过程，它意味着当面对青少年时，父母会遇到比和儿童打交道复杂得多的情况。举个极端的例子，假设有一个叛逆少女，她曾经很爱自己的父母，处处以父母为先，现在她决心要解放自己了，"我不是你们，我不想和你们一样，我不会成为你们！"

青春期不仅追求自由，还有对各种新奇、独特事物的探索。为此，父母经常会在青少年身上看到一些刻意而为的变化，他们开始尝试各种不同的自我定义，比如在外表、穿着、友情、社群归属、社会行为、文化归属、恋爱吸引、饮食选择、性别表达、性取向、流行品位、活动兴趣、个人抱负等方面。

父母与其对这些变化感到担心或生气，不如理解，在大多数情况下，这些变化只是试验性质的，并不是最终如此；是暂时的，并不会永久持续。青少年会尝试各种各样的表达方式，看看它们会带来什么结果，有哪些可能是适合自己的。

"我只是试着这样穿穿，看看是什么感觉。"

有一些试验性质的变化是需要处理的，原因之一是，它们可能会造成一系列复杂的问题，甚至带来风险，父母和青少年应该对此进行讨论。

"如果你决定改吃素食，而且想在家里和学校都这样，那就让我们来一起想想怎样以营养均衡的健康方式来吃吧。"

观察有多少青少年利用从初中到高中这段过渡时期来重新定义自己（用试验的方式），你会发现很有趣。举几个例子吧。我看到过许多"从害羞的小透明变身社交达人"的转变，比如一个八年级时还孤独沉默的男孩，在下定决心改变自己后，在高中时试着表现得更为外向，这种试验性质的改变给他带来了新的、令人满意的社交体验。还有一个在八年级时就人气很高的学生，从小学开始就有一群亲密的朋友，到高中后，他决定通过结交不同的朋友、扩大社交圈，从社会层面重新定义自己。还有一个例子，有一个女孩，她从二年级开始就投入大量时间认真练习舞蹈，而且在这个领域取得了不少成就，但进入高中后，她决定放弃跳舞，转行去参加别的团队运动，目的是发展自己在其他运动领域的能力。

"如果在高中阶段不去尝试不同的运动，我将来一定会后悔。"

对于孩子目前取得的成就，有些父母在人力、物力上都投入良多，所以让他们心甘情愿地放手确实很难。而尝试个人的多样性，追求与过往不同的自己或者活出自己想要的样子，是大多数青少年成长必然要经历的。

青少年需要不断去尝试各种不同的事物，才会最终获得成熟稳定的身份认同感，而这些新鲜事物往往超出了父母熟悉和舒适的范围。这时，他们就会觉得眼前的这个孩子实在不可理喻，难以捉摸，让他们感到遥远甚至疏离。

"他的表现与以前完全不一样，他活在一个和我们完全不同的世界！"

"她的很多新造型和喜好我们都理解不了。"

对青少年喜欢的衣着风格、文化或娱乐品位，父母很容易心生反感或不以为然。

"你怎么能把时间浪费在这种毫无价值的活动上呢？"

当父母做出这种反应时，可能会导致他们与子女的关系越发疏远。对青少年尝试不同事物的行为表现出不赞同或排斥，可能加深两代人之间的隔阂。

"父母不想让我做任何我喜欢做的事。"

当父母批评青春期孩子对不同事物的尝试时，会加深与孩子的代沟。

父母本可以利用这种短暂的"不同"来拉近和孩子的距离，却往往使其成为双方关系的障碍。那么，父母该如何利用这种"不同"来拉近距离呢？是"以兴趣弥合差异"方法大展身手的时候了。

"你喜欢的新潮音乐对我来说真的很陌生。你能跟我说说它为什么这么有吸引力吗？"

"你能教我玩你玩的电子游戏吗？我从来没有玩过。"

让孩子当自己的老师，通过这种方式，父母可以鼓励孩子切换到一个很有力量的角色，培养起青少年的自尊。少年摇身一变成为教育权威，而年长者的父母则成为需要学习许多东西的学生。

然而，并不是所有青春期的变化都能被父母用"兴趣"成功地"弥合"。有些问题更加棘手，可能会在父母与孩子之间造成严重的不兼容。有时候，当亲子关系受到挑战时，父母必须处理那些不相容的差异，努力与孩子保持联结。这些差异会在四个重要层面上对亲子关系形成挑战，即特点（指青春期生理和心理特点）、价值观、习惯和需求。

特点差异 特点差异最难改变，因为它们涉及青少年的生理、气质和人格构成等方面，是无法选择的。例如，随着发育期的到来，青少年将面临如何管理趋近性成熟的身体，也面临着伴随这一转变而来的性别期望，这一切让他们急于了解自己的身体会变成什么样、会对自己的社会关系带来什么影响。当荷尔蒙刺激身体成长，达到性成熟时，它们会使个体增强自我意识、性兴趣、对性角色发展的关注（女人味和男人味），同时伴随着较以往更强烈的情绪体验。

"她现在太容易生气了！"

"他太情绪化了！"

价值观差异 价值观差异是很难改变的，因为它们建立在根深蒂固的观念基础上。有多根深蒂固呢？即使人们找不到捍卫它们的理由，也依然会死鸭子嘴硬。它们通常会通过个人着装、房间装饰、休闲方式等体现出来。随着青少年与同龄人的关系变得越来越重要，对一些定义了某一群体生活方式的观念和品位的认同也变得越来越重要。有时青少年喜欢的反主流文化与父母的成长环境大相径庭，这会让父母感到陌生、毫无吸引力，甚至难以忍受。

"她像她的朋友一样喜欢哥特风，听黑暗音乐，穿黑色衣服。"

"他和朋友们都玩轮滑，让我们受不了的是，有时会觉得他像个不法分子。"

习惯差异 习惯差异只有在付出大量努力后才能改变，因为它们是在长期重复的基础上形成的行为模式。青少年会像成年人那样熬夜，喜欢夜生活。随着年龄的增长，他们会为了玩电子游戏、和朋友聊天而熬夜，这往往会导致他们休息时间的减少。

"每天早上，要叫她好多次才起床，不然上学就得迟到。"

"周末他会一直睡到下午。"

需求差异　需求差异是最容易改变的，因为它们是青少年希望或不希望发生的事情。不同的需求是个体当时有意识的选择。因此，当青少年不断地向家庭当权者施加压力以获得更多成长空间时，他们最渴望的是增加两种形式的自由：不受约束（如父母的监督）的自由和想玩就玩（如父母的允许）的自由。

"他从来不会做我们想让他做的事。"

"她想要的东西就必须立刻得到！"

童年期的孩子为了与父母更亲密，会努力让自己与父母更相似，而青少年则不同，他们与父母的共同之处少多了。尝试不同的个性化表达是青少年形成身份认同的方式。对于父母来说，应对这些新的差异，并在此过程中与孩子保持联结，是教养中颇具挑战性的一部分。父母的批评于事无补。在前三个层面（特点、价值观和习惯），不相容现象可能是相当顽固的，所以当父母要求青少年以某种方式改变自己时，他们往往缺乏动力。父母的不接受会让青少年心生叛逆、感到受伤并激发反抗。

"对呀，我就是这样的，所以你们最好早点习惯！"

因此，总的来说，父母需要接受一些特点上的差异，比如发育期及其带来的变化；需要容忍造成两代人在文化上割裂的价值观差异；需要适应随着孩子年龄增长而产生的习惯差异，比如变得更喜欢熬夜和上网。关于需求上的差异，父母和孩子需要好好商量，尤其是那些关乎自由与合作的。不过，在承认那些棘手的不相容时，父母通常可以就伴随着这些变化而来的表达方式与孩子进行协商。

"我知道你心情很不好，那就让我们来谈谈怎么控制情绪，让你不快的时间少点，顺心的时间多点。"（父母不应该说："别闷闷不乐了！"）

"我知道你认为通过着装来标新立异很重要，那就让我们来谈谈如何用其他你希望的方式来表达个性吧。"（父母不应该说："别再像异端那样到处招摇了！"）

"我知道你习惯在做不想做的事情时拖延时间，那就让我们谈谈如何早点开始工作，让你有更多的时间去做你想做的事情。"（父母不应该说："别再拖拖拉拉了！"）

对于那些在特点、价值观以及习惯方面不相容的差异，父母可以将它们转化成孩子明确提出过的需求，并在这些需求中相互迁就，这种方式和前面提到的以父母的兴趣来弥合新差异的方法一样重要。

青春期到来后，青少年告别童年，疏远家庭，与父母之间的差异日增，这会在父母与子女之间产生更多争论与比较的焦点。越来越多的差异让他们意见不一、争论不休甚至产生冲突。正因为如此，青春期是一个比较让人难受的时期，但也是一个有所收获的时期，因为父母可以亲眼见证青少年逐渐获得独立能力和身份认同，步入青年期的过程。

在这个青少年的发展越发独立、越发具有表现力的过程中，父母需要对他们自身的变化进行更多的觉察，因为这些变化可能会给青春期的孩子带来麻烦。

父母的变化

在讨论青少年的变化时，父母一定要记住，你自身也在发生一些强烈的变化。事实上，有一种方法可以让孩子知道自己的青春期是如何开始的，那就是看父母的反应是如何变化的。下面让我们来看一下来自青少年的观点。

几年前，当我问一个 13 岁的孩子他是如何知道青春期已经开始的时候，才恍然大悟，原来这种青春期变化是相互的。他的回答让我停下来进行了一番认真的思考。

"因为我的父母变了！"

追问之下，他毫不犹豫地回答道，当他还是个孩子的时候，父母是那么爱玩，那么有趣，那么无忧无虑、轻松惬意。可现在他们变得越来越严肃了，担心和紧张的东西越来越多了。他的回答引起了我的思考。

这个少年改变了我对青春期的看法。从那时起，我就让自己时刻谨记，青春期不只是关于一个孩子在走向成年的过程中是如何变化的，它还涉及父母对孩子的反应是如何变化的，以及父母和青少年之间的关系是如何变化的。

所以，我在下面的清单中列出了父母表现出来的一些变化，它们标志着一个孩子进入了青春期。没有特定顺序，也没有囊括所有变化。

父母可能会变得更为：

- 易怒："你能别干 ×× 了吗！"
- 挑剔："你一天天在长大，我们会告诉你什么是错的，这样你才能知道什么是对的！"
- 唠叨："我们会一直盯着你，直到你完成任务！"
- 专横："我们说了算，别问为什么！"
- 多疑："你告诉我们，为什么我们应该相信你说的就是事实！"
- 急躁："当我们要求'现在'时，不是指'稍后'！"
- 担心："你要想想外面有多危险！"
- 难过："我们曾经在一起的美好时光，现在都一去不复返了！"
- 不满："你只想着你自己！"
- 盘问："我们问这么多是因为我们需要了解更多！"
- 紧张："为了等你安全回家，我们急得团团转！"
- 谨慎："你认为有趣，我们却看到了潜在的伤害！"
- 较真："我们让你看到后果，你才不会重复错误的行为。"

- 警惕："我们密切关注着你的成长。"
- 严格："道歉没用，改了才行！"
- 沉默："我们闭嘴，是因为说了你也不爱听。"
- 排斥："我们已经知道你想说什么了，所以不太想听！"
- 伤感："我们对你越来越感到无力了，因为很难从你那里得到我们想要的！"
- 严厉："我们会限制你的自由，让这种自由保持在你能承受的范围内。"
- 保护："我们说'不'是为了不让你受伤！"
- 冷淡："我们不想说话，因为你什么都不说！"
- 茫然："你的世界和我们成长的世界不一样！"
- 好辩："我们好争执只是因为你和我们的争执越来越多！"
- 不公："因为你比其他孩子年长，所以我们对你的期望更高！"
- 局促："你改变得越多，我们和你的相处方式就越不一样。"
- 抱怨："要解决的问题太多，顾不上夸你。"
- 高高在上："我们吃过的盐比你吃的饭还多，远比你更了解生活！"
- 要求苛刻："我们要做的就是不断提高你的责任心，培养你的独立性。"

我认为记住这张不受欢迎的父母行为清单是很有用的，这样父母就不会认为只有自己在努力适应这种关系上的变化，认为负担主要落在成年人身上。事实并非如此，它是双方共同承担的。当你觉得很难适应孩子的变化时，你的孩子同样觉得难以适应你的变化。青春期把孩子和父母都改变了，此时双方都发现对方更难相处了。

一般来说，最好不要把青春期常见的变化视为是针对你的，认为孩子是故意冒犯你，这样做只会使已经让人焦头烂额的关系变得更糟。事实上，青春期是一个孩子非常沉浸于自我的过程，对他人敏感情绪的关注可能会减少，比如父母的感受。虽然你的孩子可能行事鲁莽，但他们不太可能是故意想让你心烦。青少年可能不那么体贴，但也不会这么有心计。

如果你想让孩子表现出基本的体贴，就一定要说清楚你需要哪些具体的行动，然后让他们在适当的监督下执行。例如，如果一定程度的家庭整洁对父母来说很重要，父母就应该反复提醒不那么爱整洁的孩子收拾自己的烂摊子。这一点非常重要，因为父母的责任之一就是把孩子培养成一个能与人愉快相处的青少年。

制定合理的家规

在追求更多独立行动和个性化表达时，青少年有时会表现得随心所欲，似乎"怎么都行"，所以父母必须对他们提出一些合理的结构化要求（家庭规则和约束），让他们学会谨言慎行不逾矩。这是养育青春期孩子时最吃力不讨好的一部分，也许要到多年之后，才能从子女那里听到"非常感谢你当时没有放手"这样的话。

一般来说，要制定和维持这种结构化家规，需要父母施加四种积极影响。

1. 给予持续的指导，定期和孩子沟通，告诉他们哪些做得很好，哪些应该继续，哪些需要改变以取得更好的效果。"我们认为，你认真完成家庭作业这一点很好，但有时不按时交作业、被老师打低分就不好了。"
2. 提供一整套规则，设定合理的要求和限制，明确哪些行为是可行的，要求孩子严格执行，在遵守时表示赞赏，必要时予以纠正。"谢谢你在天黑前赶回家，但你没有老实告诉我们你和朋友之前的计划，这样是不行的。"

3. 提供尽职尽责的监督，给予充分的提醒，确保孩子的行为不逾矩。"我们知道，你觉得我们的唠叨很烦人，但这是为人父母的职责。没人喜欢唠叨，但该唠叨还得唠叨，除非你达到我们的要求。"
4. 奉行公平交换的原则，让孩子明白，要做自己想做的事情或得到想要的东西，就必须先做好父母要求做的事。"想让我们同意，得看你接下来的表现，看看你是不是承担得起相应的责任。我们为你做了什么，你也要为我们做什么，这是公平的。"

如果父母没有为孩子的成长提供合理的结构化要求，那么就是在鼓励孩子从有影响力的同龄人那里寻求社会参照，这往往会让孩子付出代价。说到指导，"朋友们最了解"；说到规则，"朋友们会告诉我哪些能做"；说到监督，"跟着朋友走就对了"；说到交换原则，"我欠朋友们的"。然而，朋友不应该扮演父母的角色，父母也不应该只是朋友。

最后，父母必须注意两个危险因素。当青少年疏远父母的时候，亲子之间可能会因失去亲密而失去联结；当青少年追求不同的时候，可能会因失去父母的接纳而产生叛逆。在极端情况下，父母的这些反应会让青少年感到孤立和孤单，这会引发各种形式的自我伤害。所以，养育青春期孩子的时候，一定要保持亲子联结、永远予以接纳，这样做太重要了。

第 3 章

关系的变化

"我们从来没有想过，那段美好自在的童年时光会一去不复返！"

青少年在改变，父母也在随之改变，双方都体验到了更多情绪上的不适，这就是为什么对情绪的建设性管理如此重要，在这方面，父母要用言传身教的方式给孩子做好榜样。

下面，我们要介绍的就是一种简单的理解和管理情绪的方法，接下来还会讨论三个可能会不幸让情绪变得更强烈的因素：日益增加的相互不满、青少年对父母不快情绪的无视以及来自父母的批评。

理解和管理情绪

奇怪的是，在人类的很多关系中，像情绪这样永恒而基本的东西却很少被讨论，就算有，也明显带着不情愿或为难。思考一下下面的对话：

"你觉得怎么样？"

"我干得不错啊。"

"不是问你活儿干得怎么样，是问你的感受。"

"我说过了，我没有任何问题！"

在这段对话中，明显带着防备和回避，为什么会这样呢？在口头交流中，无论是在工作场所还是在家里，坦率地谈论自己的感受都是很复杂的。所以，在类似工作会议类的场合，与会者大多承受着很多来自日常组织生活中常见的压力，谈论的大多是人们在做什么或在想什么，而不是他们真实的感受。在职场交流中，大家习惯于交换关于行为和想法的信息，谈论感受绝对是例外。

当然，在家庭内部，感受是很重要的。它们让体验更多姿多彩，能激发各式各样的想法，甚至驱动着我们的行为，在亲近有爱的关系中，彼此分享感受会带来共情和亲密。分享感受会让彼此达成重要的共识，如果不分享，这些感受就可能会导致重大的误解。

"在你解释为什么一言不发之前，我还以为你是在生我的气，而不是在为别的事伤心呢！"

正因为如此，缺乏情绪表达的青少年或父母经常被误解。

正如视觉、听觉和触觉使我们对周围环境和自身保持敏感一样，我们的情绪也能提供很多信息。在我看来，它们是我们情绪觉察系统的代理人，将我们的注意力导向内部或外部世界中正在发生的重要事情上。它们可以很具体。如果是"良好的感觉"，我们可能就会很欢迎它们带来的信息。例如，希望与积极的可能发生的事有关，爱与吸引力有关，好奇心与兴趣有关，忠诚与奉献有关。而如果是"不好的感觉"，我们可能就不太欢迎被告知的信息。例如，恐惧与危险有关，愤怒与违背有关，沮丧与阻碍有关，悲伤与丧失有关。

对那些刚刚学会说话的幼儿，父母会花很多时间来教他们"表达感觉的词"，这样孩子就能学会如何从"表现情绪"过渡到"表达情绪"。因此，当刚会说话的孩子表现出攻击行为，或把东西扔到地上，或怒气冲冲地离开时，父母会帮助他们给这种情绪体验命名。

"下次你想这么干的时候，告诉我你很'生气'，然后我们一起想想该怎么办。"

在童年时期，学会一个有效的情绪词汇是非常重要的收获，当情绪变得紧张时，练习用言语来将它们表达出来也是如此。家长可以结合这种早期儿童情绪素养教育，让孩子学会重视这些强烈的情绪，但不要在它们的支配下立即采取行动。

情绪可能是很好的信息提供者，但也可能是糟糕的建议提供者。因为情绪会促使孩子做出一些冲动的行为（感到嫉妒时会从别人那里抢东西，生气时会动手报复），所以，他们可能会忍不住受强烈的情绪支配，按照冲动的想法行事。然而，先进行理性判断，然后再行动通常更好。随着孩子心理的发展和大脑的逐渐成熟，父母可以这样说："你这会儿知道好坏了，但你能不能在做事之前动动脑子，问问自己聪明人会怎么做？"同样的建议也适用于那些爱发脾气的成年人和容易发怒的孩子。

有时候，冲动的人会被驱使着用他们的感觉去"思考"："我是因为心烦意乱才突然离开的！"有时候，感觉迟钝的人很难觉察到自己的情绪，他们的情绪觉察系统不发达，"我不知道有什么感受！"

当人们表达某种不愉快的情绪时，这种感受不仅会让他们留意到重要的生活经历，还会调动能量让他们做出各种选择。例如，深思型选择：接受正在发生的事情并进行思考；表达型选择：用言语描述正在发生的事情；防御型选择：防备正在发生的事情；纠正型选择：改变正在发生的事情。情绪太重要了，重要到不容回避或忽视，父母的部分工作就是帮助儿童期或青春期的孩子把情绪处理好，他们可以利用的方式包括成人示范、互动、指导等。

但是，在给家长或夫妻做咨询时，我发现女性似乎比男性能更轻松且熟练地谈论自己的感受，而男性则能更自如地谈论自己的想法或行为。所以女人会抱怨说："你这人真是没心没肺！"而男人则会抱怨说："你太情绪化了！"之所以会有这样的差异，也许与女性和男性奉行的不同行为准则有关，女性是温柔、敏感的，而男性则是坚强、沉默的。在这种情况下，表露感情对女人来说似乎是件很有女人味的事，而对男人来说则是缺乏男子气概。父母最好尽可能将谈论情绪的行为正常化，这样孩子就能从这种模式中学会如何表达情绪。

在家庭中，当孩子开始告别童年、疏远父母并追求自己的独特，义无反顾地踏入青春期时，那个曾经与父母关系亲密，在情绪表达上坦荡直率的孩子可能会变得不那么情绪外露了。为什么呢？

"我的感受与他人无关！"

"我不喜欢展示我柔软的一面。"

"我想把我的感受藏在心里。"

为了得到更大的成长空间，青少年可能会更多地隐藏他们的情绪。

与此同时，他们可能还会在情绪上变得更敏感、更紧张，这不仅是因为青春期荷尔蒙带来的影响和不断增长的自我意识，还因为他们与父母和同龄人的关系越来越复杂。发展性变化是身体方面、社会性方面和情绪方面的彻底颠覆，是对青少年行为规则的重新设定。而此时，随着中学时代的到来，青少年在情绪上体验到的不快乐似乎比以往任何时候都多。想想他们可能会产生哪些不快乐的情绪吧，比如厌倦、悲伤、失望、沮丧、急躁、愤怒、困惑、不确定、怨恨、痛苦、压抑、排斥、背叛、失败、失落、寂寞、孤独、不满足、不满意、无助、绝望、遗憾、后悔、渴望、疲惫、忽视、羡慕、嫉妒、不平、不公、不安全感、焦虑、不足感、自卑感、自怜感、自我批评、内疚、难堪、屈辱感、羞耻感、意气消沉、压力、紧张，等等。

随着青春期的开始，让青少年感到不快乐的东西越来越多了。他们会在与人相处中变得"更敏感"，部分原因是他们的情绪变得更复杂了。这不是一个需要解决的问题，而是一个需要接纳和理解的现实。青少年产生了越来越多他们可以识别的不愉快感受，这有利于帮助他们发展情绪觉察能力，但对他们的情绪掌控能力也更有挑战。

当青少年只能大致判断自己处于"坏情绪"中时，这往往意味着他们还不能明确定位情绪上到底发生了什么变化。因此，自我情绪管理，即通过识别不快乐的感受并加以讨论来进行处理，是父母希望示范并鼓励青少年去实践的一项技能。"如果哪天在学校遇到不开心的事，与其躲到房间里去上网，不如花几分钟时间告诉我发生了什么。我保证一定认真倾听。至少这样你就不必一个人闷闷不乐，说不定能感觉好点。如果我哪一天过得很煎熬，一般来说我也会告诉你，要是你能听听我的心里话，肯定会对我有积极的影响。我认为这就是家人存在的重要意义之一，当面对困境时，我们可以在情感上互相支持。"

对父母来说，青春期也是一个更加情绪化的时期，因为他们与青少年的距离越来越远，交流越来越不完整，在涉及孩子的表现和行为方面的自由时，相互间的冲突也越来越多。与照顾童年期的孩子相比，父母感觉自己能管的事情少了，但要承担的责任一如既往。当他们苦恼地纠结于何时何地该继续牢牢把控，何时何地该学会放手时，会体验到更多的担忧。

在经历这一切变化时，父母很容易忘记保持亲子之间的情感联结有多重要。为了鼓励孩子开诚布公地谈论自己的情绪，有几件事情是父母可以做的。

父母可以和从前一样分享自己生活中的各种情绪，给孩子做一个示范。"我跟你说说今天工作中有哪些开心和难过的事。"

当青少年与父母分享强烈的感受时，无论这些感受是痛苦的还是快乐的，他们都应该表示感谢。"谢谢你让我们知道你和朋友在相处中遇到的困难。有什么我们可以帮忙的吗？"

父母可以放弃用言语攻击孩子，因为这种带有敌意的表达会削弱孩子在情感上的安全感。"我不会告诉父母我的感受，因为那样会让我情绪更低落。"

一定要在纠正孩子的行为之前先表达关切。"在讨论你所做的事情之前，我们首先想知道你的感受如何。"

此外，父母在用言语表达自己的情绪时，需要先搞清楚一个颇为复杂的区别，即情绪沟通和情绪化沟通之间的不同。

在进行情绪沟通时，父母会坦承自己的感受，希望孩子能更好地理解自己，以这样的方式寻求与孩子情感上的亲密，"你不赞同我的想法，这让我觉得很受伤。"

在进行情绪化沟通时，父母可能会用强烈的情绪表达方式来达到他们的目的："我表现出受伤（伤心／生气）的样子，这样你才会改变主意。"父母与青春期子女之间用言语进行的情绪表达太重要了，作为父母，你不应该使这样的心机。

当然，青春期会改变孩子，当父母难以理解、接受或跟上这些变化时，他们和孩子会发现，那些突然涌现出来的差异将彼此越推越远。例如，生理、心理特点会发生变化，从年幼到开始性成熟；价值观会改变，从受家庭影响变成受同龄人的反主流化影响；习惯会改变，从服从家长权威变成对家长权威的积极或消极的抵抗；需求会改变，从满足于家庭生活变成与朋友们一起在外部世界争取个人自由。有时，他们之间日益增加的差异会让彼此感到疏远。

"我们之间不同之处太多，再也没有什么共同点了！"

然而，有一点从童年到青春期都不应该改变，那就是分享彼此的情绪体验。所以，当越来越多的可变因素导致亲子关系日渐疏离时，谈论彼此的感受能将他们牢牢维系在一起。"既然我们都觉得越来越沮丧，越来越不受对方待见，也许我们需要来谈谈这个问题了！"

尽管特点、价值观、习惯以及需求上不断增加的差异让父母与子女之间的距离越来越远，但他们在情绪上还是有很多共同点的。父母可以通过表达共情来肯定这些共同点："我知道你的感受，因为我自己也有同感。"因此，当父母对春风得意、取得各种成功的孩子表示祝贺时，当父母对流年不利、经历各种伤痛的孩子表达安慰时，这种在人性层面上的情绪反应会将他们深深地联结在一起。

这让我想起了穆里尔·鲁凯泽（Muriel Rukeyser）在《岛屿》一诗中对分离和差异的看法：

> 哦，看在上帝的分上，
> 它们是紧密相连的
> 在深深的海洋之下……

有时候，因为横亘在彼此之间的差异越多，亲子之间会感到越疏远、越陌生，此时表达情绪体验可以让他们找回那些共同点。"我觉得我们现在都有点心灰意冷。"父母可以这样说。当孩子表达赞同时，他们就可以通过这种共同的情绪体验感受到"内在的联结"。

日益增长的不满

随着青少年的日渐独立和渐趋不同，他们在情绪上也产生了一些不适感，这种不适感会导致父母与子女之间更多的相互不满。然而，不满并不意味着爱的减少，只是意味着在现在的亲子关系中，必须比以前更能容忍对彼此的不满。爱一个讨人喜欢的小孩很容易，爱一个让人恼火的少年就有点难度了。正是因为有这样的对比，父母在面对青少年时，过往对年幼孩子那种狂热的爱往往消失无踪。当爱的对象让人越来越难以产生爱意时（因为青春期少年已不再是那个招人喜欢的小可爱了），你还能坚持无怨无悔地爱他吗？这可能是对父母是否称职的一个考验。同样的道理也适用于那些发现父母不再像以前那么完美、那么理想化的青少年。

从下面的描述中，你会发现父母的不满情绪通常源自何处。

"我真怀念从前啊，她曾经跟我无话不谈，我们相互陪伴、共享快乐时光；他曾经最喜欢我的陪伴；她以前多尊敬我啊；他以前学习是那么刻苦；她以前既无私又体贴；我们很少有什么大的分歧；他以前认为我很酷、很聪明；她以前很喜欢帮我忙，很会讨人喜欢；他以前对需要做的事情总是很专心；她过去在大多数时候都很积极主动；他以前很懂规矩；她以往总是信守承诺；他以前根本不需要人提醒；她以前说的话都很可信；他们那时候多喜欢被亲吻、被拥抱啊！"

而对于青少年来说，不仅要因为长大而放弃一些孩子气的游戏，还要面对另一种更让他们不满的变化。

青少年不满情绪的常见来源如下：

"我不喜欢父母做事没有以前公平，却比以前更难讨好；对我的批评也比以前更多了；不如以前信任我了；比以前更严肃了；他们担心的事儿比以前多了；问的问题也更多了；对于我想要的东西，他们提出的条件更多了；拒绝我的次数增多了；从我这里拿走的东西更多了；越来越不理解我了，也不像从前那样认真听我说话了；说教比以往更多；跟他们说话更让人紧张了；比以前更无聊了；比以前更让人尴尬了；要求我干的家务更多了；比以前更喜欢谈论成绩了；对我的兴趣爱好也不那么支持了。"

有时候，不满会短暂地沦为厌恶，比如当青少年认为父母威胁到了自己的利益时（"非常感谢你们让我整个周末都在做家务！"），或者当父母认为自己的付出没有得到回报时（"非常感谢你把我们做的一切都视为理所当然！"）。

父母应该对这种厌恶感保持警惕，因为这可能是一个危险的转折点。短暂的厌恶感会导致父母对青少年做出极其有害的回应。有些让父母只是觉得不愉快的事情，对十几岁的孩子来说可能就是劫难。这种情况有时可以提醒父母，在孩子把父母惹得不痛快的时候，他们自己同样不好受。

无视父母的不悦

有时候，十几岁的孩子会让父母感到深深的挫败：再一次"忘记"了她的承诺；又没有收拾自己制造的一片狼藉；仍然在做那些被告知不能做的事情；继续热衷于那些父母想要禁止的爱好；抛弃父母最看重的东西。父母会对此深感绝望，他们会说，"问题是，我们的孩子再也不关心我们到底想要什么了！"

事实上，根据我所看到的，这是一个错误的结论。尽管孩子们会逞强，会表现出对父母的反应满不在乎的样子（"我不在乎你怎么想！"），但正如小孩子总是渴望自己在父母眼中出类拔萃一样，青少年依然存在着这种期盼。事实上，这些逞强说法真正的意思是："因为太在乎了，在乎到不想让你们知道我有多在乎。"

这就是为什么青少年需要很大的勇气。有时，在完成青春期两个主要发展目标的过程中，青少年必须敢于得罪父母——他们的世界中最重要的成年人。一个目标是通过尝试个性化的表达，青少年形成了专属的身份认同，"我已经尝试了不同的形象，拥有了足够的经验，现在知道该做一个什么样的人了。"另一个目标是与童年告别，与父母拉开距离。青少年在反复的练习中扩大了自己的选择范围，实现了在社会功能上的独立。"我已经学会了对自己的行为负责，学会了自力更生。"

当这些正常的变化发生时，父母最好留意自己的反应。青少年极易因不符合父母的期望、品位、兴趣和价值观而不被认可。对于青春期的孩子来说，父母必须包容他们与自己的不同之处。在青少年追求独特和寻求独立的这段时期，如果他们的行为没有像父母所期望的那样，"契合"或遵循父母所珍视的那些原则，青少年自己就会被没达到标准的挫败感压得喘不过气来，而父母则会对孩子表达失望。

"他们不喜欢我现在的样子！"

面对这种不愉快的情形，青少年要保持自己的独特之处是需要勇气的。"我只是不像我的父母那样喜欢社交，喜欢成为领导者。我不是那样的人，也不想成为那样的人！"

我认为有两句话父母永远都不应该对孩子说：一句是"你真的让我们失望了"；另一句是"你真的辜负了我们"。之所以会这样说，是因为我看到过很多青少年在咨询时因父母的这些话而流泪。我认为原因是他们把这种失望等同于丧失了（也许是无法挽回的）父母的爱。这并不是父母想要传达的意思，但青少年就是这样理解的。也许父母可以用一种正面的方式表达他们的惊讶，说："你让我们有点措手不及，你现在的行为并不是我们所期望的。"既然我们讨论到了什么话不该说这个主题，那我就再补充一句，"你就是懒"这句话为什么伤人？因为青少年可以从这句话中体会到父母没有说出的潜台词："你就是个懒惰的废物。"这得有多伤人啊？

随着青春期的幕布徐徐拉开，父母和孩子之间的相互不满也越来越多。例如，青少年对父母的指导变得越来越抗拒，为了获得更多的自主权，他们开始反抗、挣脱并绕过父母的权威，他们还会用主动（争吵）和被动（拖延）的方式来应对父母提出的要求和命令，试图找到一种能免于惩罚的方式。这些都是对权威的试探，看看父母是言出必行还是会改变主意。当然，亲子关系还不至于剑拔弩张，但分歧确实越来越多了，导致关系越发紧张。青少年的说法是："当我不同意父母说的话时，我会直接说出来。"而家长们的说法是："现在的情况是这样的，我们提出的每一个要求，面对的都是孩子没完没了的争辩。"

在意见不同的时候，顶着父母的不悦去据理力争需要很大的勇气。

"父母不明白的是，当我反抗他们时，就是在维护自己！"

父母不妨将分歧视为可能需要与孩子进行讨论的信号、一个能让双方进行更多沟通的机会。有时候，如果青少年承担不起父母不愉快这样的压力，就可能意味着他们的成长会受到阻碍，无法发展出充分的个性和独立。

有些情况下，会出现青春期发展不完整的情况，也就是说，在最合适的成长时段里，青少年没能成功完成蜕变，没有形成新的个性，也没实现独立。这样的孩子渴望得到父母毫不犹豫的接纳、完完全全的认可，在这种渴望的支配与驱使下，他们可能会付出发展上的代价。

"我不敢反抗父母，不敢质疑他们的价值观，也不敢反对他们的要求。"

如果青少年不敢面对这些挑战，他们的发展就可能被推迟，或者看起来被推迟了。例如，有的成年人总是习惯于去取悦他人，但有时候他们又会不顾及他人想法而执意满足自己的需求，这就像在和谁赌气，试图完成自己没能完成的青春期发展目标。

"不管别人怎么想、父母能否理解，我都要按照自己的方式生活，成为我从未允许自己成为的那种人！"他们最终会获得解决问题的勇气，但也要付出代价。

来自父母的批评

对子女来说，父母代表着权威，他们的青睐和认可有着举足轻重的影响力，正因为如此，父母眼中的良好形象对童年期和青春期的孩子而言都极其重要（尽管青少年可能会嘴硬，说自己不在乎）。青少年表达独立的表现之一就是经常假装自己已经长大，不再在乎父母对他们的看法，但这种漠然不过是一种姿态而已。

正如父母的称赞会让青少年感受到被肯定的欣喜，来自父母的批评可能会让他们痛彻心扉。那么，这是否意味着父母永远不应该批评孩子？并非如此，不过这确实意味着父母应该对批评可能造成的伤害保持敏感。利用批评来达到好的目的，而不是让它造成伤害。这是一个棘手的问题。要驾驭这种复杂性，可以考虑两种类型的批评——建设性批评和破坏性批评。

建设性批评是那种权衡了多方利弊，以一种能带来帮助的方式提出的批评。它具有指导意义，甚至可能是应孩子的要求，比如某个少年需要写论文或者应用文，他想在上交之前请擅长写作的母亲审读并提建议。再比如，一位年轻运动员希望同样身为运动员的父亲就自己赛场表现的优缺点提点意见，这对她来说可能会很有帮助。当然，也可能不是青少年要求的，而是父母主动提供的，比如"我能给你一个建议吗？下次发生这种情况时，你可以换一种方式和你的朋友一起处理。我想也许有个办法对你们的关系更有帮助。"把批评隐藏在对青少年利益的关心中，同时伴随着真诚的赞美，这样孩子会更容易接受。

"很多生活琐事你都处理得很好。我之所以特别担心这个问题，是因为我认为它可能会妨碍你。"

破坏性的批评通常带着敌意，而且是在愤怒时提出的，所以，我给的第一条建议是，永远不要在你愤怒时批评孩子。当父母感到受伤或委屈时，可能会刻意用尖酸的言辞以牙还牙。"你永远学不会！你什么都做不好！你为什么不试着换换思路呢？"讽刺可能是这类批评中最具杀伤力的，"你太能干了，又成功地搞砸了！"贬低孩子、让孩子丢脸或感到羞耻，都是会让孩子难过很久的批评行为。虽然父母在对伤人的话表达歉意时可能是真诚的，但却永远无法收回说过的话，也无法消除已造成的伤害。在这种情况下，父母应该承诺永远不再这样对待孩子。

破坏性批评造成的最大破坏就是，它就像一杯能让人产生自我排斥感的毒药，让青少年开始相信自己不如人或不够格。父母具有破坏性的养育方式会损害青少年的自尊。如果因没有达到父母的期望而一再遭到贬损，青少年就会产生负罪感。这个时候，他们会认为自己毫无价值。"我父母说我一无是处，我觉得他们是对的！"我认为在教育孩子时，破坏性的批评有百害而无一利。

青春期确实比童年期更难应对，养育一个少年比养育一个儿童艰辛多了，青春期的亲子关系对双方而言也都更难把握。从青春期开始到进入成年早期，亲子双方都有许多发展方面的任务要完成。

从逐渐与父母疏离到完成功能性独立，从追求与父母不同到建立适合个体的身份认同，这是一个需要滋养的过程，在此期间，父母必须改变他们以往的许多教养方式。他们必须学会放手，给孩子更多的自由，容忍更多的差异，接受更多的个性。严格控制和绝不宽容的父母往往很难适应和接受这些不可避免、又必不可少的青春期变化。

第二部分

青春期早期出现的问题
（9～13岁）

与童年的告别

  青春期早期是在失落中开始的，为了让自己在一个更广阔、更复杂的世界中表现得更成熟一些，青少年放弃了很多属于儿童的舒适、兴趣和活动。在这个过程中，他们怀念主动放弃的安全感，鼓起勇气面对可怕的未知，面对更多的不确定和焦虑——这些都是成长旅途中必须付出的情感代价。

  随着青春期的到来，青少年拥有了新的自由，虽然这种自由对很多青少年来说充满诱惑、令人兴奋，但在胆怯者眼中并非如此。青少年在不断变化，不断进行新的自我定义，其中有一些行为，比如对家长权威的积极抵抗和消极抵抗，在成年人的眼中通常是不受欢迎的。得不到父母认可的情形越来越多，这对青少年而言尤其煎熬。就此而言，踏入青春期算得上是充满勇气之举。

第 4 章

混乱与分心

"如果他老是那么丢三落四,总有一天会忘了自己姓啥!"

儿童的部分任务,就是去熟悉、融入他们出生或被收养的原生家庭并适应他们在家庭中的地位。为了获得依恋与安全感,为了在对父母的依赖中建立起基本的信任,形成这样的顺从和归属感确实至关重要。

然而,一旦孩子开始不满足于只被定义为"一个孩子"及获得相应待遇,并发现家庭圈子外的生活比家庭圈子里的生活更有吸引力,感觉与同龄人在一起比与父母在一起更为重要时,青春期就开始了。此时,这种发展性变化开始碾压并推翻他们业已习惯的传统童年秩序。生活立刻变得复杂起来,需要留心与关注的事情突然增加了很多。

当原本与父母亲密无间的青少年为了获得更多的独立而渐行渐远,为了培养更多的个性而特立独行时,当充满更多人生体验的世界开始显现其多样性时,需要去容纳、关注、处理、操心的事情比以往任何时候都更多了。此时,曾足以应付处于庇护之下的简单童年时光的自我管理技能,已不足以应对青少年越发广阔的生活领域中出现的日益复杂的情况。该如何应对如此巨大的复杂性呢？这是青春期早期的首要任务。具体而言，这种复杂性形成了两大挑战：一是如何应对秩序的混乱；二是如何应对注意的分散。在这两点上，青少年完成起来都颇为辛苦。

秩序的混乱

说得具体、形象一点，青少年已经不再像儿童那样行事了。例如，为了安全起见，儿童被教导过马路时要牵着父母的手，听父母的话。但是，出于责任考虑，青少年应该自己多加留心，在过马路时照顾好自己。童年时的生活是比较有秩序的，儿童要遵守父母的规矩，听从父母的安排，并从中感受到对家庭的安全依恋。而到了青春期，青少年因急于获得更多独立而与父母保持距离，因急于培养更多个性而与父母产生差异，这样秩序就成了让他们感觉处处掣肘的东西。

青少年的成长向着越来越复杂的方向前进。随着青春期早期的到来，需要操心的东西越来越多了。例如，生理方面（发育期）、心理方面（情绪紧张）、社会方面（同辈压力）、人际方面（父母的不满）、性方面（性别角色）、教育方面（准备进入中学）、能力方面（各方面的表现），等等。要求越来越高，越来越具挑战性。青少年的生活越来越复杂，他们对自我的质疑也在增加，而短时间内对这些问题都没有肯定的答案。"我到底怎么了？"

青春期伊始，青少年要努力去适应纷至沓来的改变，此时有更多信息需要处理，更多体验需要理解，更多问题需要答案，更多决策需要制定，更多要求需要满足，更多期望需要实现，更多工作需要完成，更多困难的关系需要周旋，更多生活的方方面面需要协调。客观地说，在他们心潮涌动的青春生活中，变化无处不在，包括一切正在开始的、停止的、增加的和减少的。当一个人试着去关注所有正在发生的事情并做出反应，试着优先处理最重要的事情时，通常会出现一些"行差踏错"。最好不要把这种现象视为需要解决的问题（"我们的儿子出问题了！"），而是把它看作一个青少年必须应对、父母可以提供帮助的新情况（"我们知道你现在很困惑，但这些困惑是完全正常的，不如我们来一起想想怎么处理这些困惑吧"）。

"就像卡车跑掉了轮子！"一位沮丧的父亲如此描述这种不稳定的状态。面对 11 岁的儿子，这个男人不得不与孩子的健忘、无序、邋遢、冲动、糊涂、丢三落四、粗心大意以及随时随地的一团糟做斗争。究竟是怎么了？

事实证明，青春期早期的变化让每个人的生活都变得更复杂了。例如：

通常会把自己的个人空间收拾好的孩子变成了脏乱差的青少年。"就别说她的书包乱成什么德行了！"

乖乖听从父母的孩子会成为注意力很难集中的青少年。"我在跟他说话，他的眼睛骨碌碌乱转，根本不理会我！"

原本能完成家庭作业的孩子变成了跟不上作业进度的青少年。"她说她知道有作业，只是不知道有些什么作业！"

在一个变得日益复杂的世界里，青少年很难面面俱到。"牢记"可能变成"健忘"，"细心"可能变成"粗心"，"有序"可能变成"混乱"，"专心"可能变成"走神"。这些行为改变与以往对孩子的教育往往南辕北辙，所以父母可能会特别讨厌这种发展过程中出现的混乱。那该怎么办呢？

面对青春期早期的这种混乱，父母有时候的反应是愤怒、挑剔，甚至出手惩罚。"这个周末哪也不许去，让你好好反省一下，就不会忘了家庭作业了！""我还以为它和其他东西混在一起呢！"孩子一边解释，一边打开了一个塞满不知是些什么玩意儿的背包。但是，对处于这个混乱年纪的青少年来说，惩罚并不是他们需要的。

青少年需要的是指导和具有监督性的支持，帮助他们建立并维持一种新的自我管理系统，以应对不断增加的生活要求和成长带来的各种自由。

教育和帮助孩子增强自我管理能力和责任感，是孩子进入青春期后父母要完成的一项任务。对那些此时需要寻求外部帮助的父母来说，职业疗法或强调集中练习的辅导可能比某些强调自我认识的心理治疗更有用。

正因为认识到了这一需求，一些中学为学生们提供了数字化或纸质的记事本，用来记录他们的学习任务。在这个关键时刻，父母也可以与孩子分享自己用来管理忙碌生活的方法。"我们制订了一个书面计划，这样就不会忘记，你也可以这样做。从现在开始，你的生活管理起来会越来越复杂。"

通过指导，父母可以帮助那些毫无条理的青少年培养出简单化、系统化、结构化以及记忆、解读和策划的技能。青春期的混乱状态会让青少年在情绪方面付出高昂的代价，除了因未完成的事情而造成的问题外，它还会导致一定程度的焦虑，因为青少年在比以往任何时候都更烦琐的要求面前束手无策。"我痛恨那些自己什么都找不到的时刻！"

针对这种混乱状态，解决方法之一就是由父母帮助青少年创建一个新的自我管理系统，在他们日益失序的日常生活中强行加入一些个人秩序。因此，尽管属于这个年龄的混乱使得青少年易于往更糟糕的状态转变（这是青春期早期追求自由的典型表现），但创建一个更有序的个人空间有时可以帮助他们获得更多掌控感。父母要传达的信息是："虽然世界瞬息万变，但人可以自我约束。这样会让一切更简单，压力也更小。"

不过，青春期复杂性增加的现象还产生了另一个副产品——分心，它让青春期混乱无序的状态变得更加糟糕。

注意的分散

随着孩子越来越多地走出家庭圈子，进入青春期后，属于更年长青少年的、令人眼花缭乱的新世界向他们敞开了大门——既有传统的线下活动，也有丰富的线上活动，他们的注意力面临着被分散到大量刺激事物上的风险。有这么多东西要关注，一个健康的青少年怎能不分心呢？怎么忍得住不把更多注意力投向这一切呢？青少年的注意力从一种刺激和体验上迅速转移到另一种上，努力让自己与这瞬息万变的大千世界保持同步，为了不错过更新奇或更引人注目的东西，他们哪会愿意长时间专注于一项任务呢？媒体、市场和互联网都致力于创造新颖、独特、快速变化的刺激来争夺年轻消费者的注意，所以注意分散是有文化方面的因素的。也难怪在面对无聊的现实生活中的种种要求时，青少年会抵挡不住诱惑而沉迷于网络。

混乱无序是这个年纪特有的现象，因此，青少年的注意力特别容易分散。往好的方面说，随着生活圈子的不断扩大，注意分散使青少年能够注意到事物的更多方面。"有时候，我们家那小少年想要记住的东西似乎太多了。他对正在发生的每一件事都很关注，但对任何一样都不会留意太久，除非有什么令人兴奋的东西短暂地吸引了他的注意。"这种注意分散可能还有功能性的一面，在高度危险的情况下，它能使一个人的注意不断转移，以追随周围人群不断变化的状况，比如在青少年聚众酗酒的场合留意到会发生什么。再比如，当父母教子女开车时，会告诉他们不要只把注意力集中在前面的汽车上，要时刻关注前面更远的地方、两侧及后面的车况。这种扫描可以使注意一直处于运动状态。

然而，要把注意放在像功课这种不那么有趣、不那么刺激的活动上时，可能就很难了。

"他上课没听讲。"

"她一直在走神。"

在必须专注的情况下，需要自律或高强度的兴趣来让一个人集中注意力。高刺激的娱乐活动（如电脑游戏和电子通信）往往能吸引那些容易分心的青少年，低刺激或无聊的活动（如家庭作业和家务）则通常不能。为了应付无聊的任务，青少年可能会向父母谎称已经完成了，也可能会拖延不做，或者在无法再拖时匆忙完成任务，根本不考虑完成得好不好或彻不彻底。"我只是想把作业做完而已！"问题是，尽管草率完事给了青少年更多的时间，但他们却把任务完成得惨不忍睹。可是，父母怎样才能让孩子慢下来呢？对父母来说，一种方法就是充当铁面无私的管理者，要求孩子重新完成潦草完事、错漏百出的作业，以保证最后的质量。这样一来，青少年赶时间的做法就显得毫无效率了，因为他们不得不从头再来。

"我本来可以一开始就多花些时间的！"

极易分心的青少年会觉得自己就像在原地空转的轮子，恨不得哪儿都去，却寸步难移。此外，在面对枯燥的任务时，注意分散现象会让人倾向于逃避，难以投入其中。父母的监督可以帮助青少年学会如何保持专注，如何投入注意。这也是一种吃力不讨好的教养方式，不过值得一试。父母管教的目的是让青少年学会自律，父母监督的目的同样是让他们学会自我监督。

虽然这种专注训练并不能带来完美的结果，但是，当怂恿人们以社交和网络来逃避现实的诱惑无处不在时，它确实能帮助青少年培养更强的毅力，去坚持自己正在做的事情。

在这个更易分心的年龄，忧心忡忡的父母忍不住会去寻求专业帮助，专业人士会推荐一些精神类刺激药物，以帮助孩子们凝神专注，减少心神不安和注意力不集中现象。有很多专业人士认为，注意力缺陷可以通过化学药物来缓解。针对这一建议，我的看法是，父母千万不要病急乱投医，不要以为处方药能代替他们对孩子的日常指导和训练监督，后者才是孩子现在最需要的。这种不进行教育却求助于药物的做法是在浪费青少年的成长机会，因为没人帮助青少年通过日常练习的方式来控制自己的注意力。再者，谁知道在这么小的年龄就依赖精神类药物（改变情绪和心理）会造成什么样的长期影响呢。

对青春期早期出现的混乱和分心，我认为最好的办法是在用药之前先进行教育。即使选择了药物治疗，也要同时教育孩子如何进行自我管理。因为混乱会加剧分心，而分心又会增加混乱，所以最好不断练习如何保持秩序和维持注意。养成好习惯，需要反复练。

第 5 章

怯于尝试与无聊

"那个对一切都充满热情的孩子怎么变成了一个无所事事的少年？"

青春期开始的时间介于小学高年级到初中低年级之间，通常始于一些心理上的"清空"。何谓"清空"呢？意思是青少年会将那些属于童年的舒适、目标和乐趣一一放弃，从零开始去尝试新的兴趣，并在接下来的成长之旅中追寻新的体验。

我们不妨打一个简单的比方，青春期早期的变化就像爬行动物蜕皮一样，每长大一点，就得蜕掉旧皮，长出更合适的新皮。在青少年长出新的认知"皮肤"之前，他们必须经历一段心理发展期，这时他们会觉得自己暴露于人前，被指指点点，感到既难堪又脆弱。所以，请不要批评、嘲笑、贬低或用各种方式让他们难堪。这是一段非常敏感的成长期，父母或兄弟姐妹应避免对青少年进行嘲笑或批评，要让所有人都知道"家里禁止取笑"。

青少年追求独立，追求与众不同，这种挑战促使他们想表现得更成熟、更世故，以此来重新定义自己。这就意味着他们放弃了童年时的自我定义，这种放弃导致了两种复杂的丧失——自信的丧失与兴趣的丧失。失去往日自信的青少年会害怕尝试（"我不喜欢做自己不擅长的事情！"），而失去往日兴趣的青少年会无所适从（"我讨厌这种什么都不想做的样子！""我讨厌那些必须要做的事情！"）

这两种丧失都值得父母关注。下面，我们将对这两种丧失分别进行讨论。

自信的丧失

对父母而言，这种青春期早期的自信丧失会让他们深感困惑。"在整个小学阶段，我们的女儿对各种新的体验都是充满好奇和勇气的。我们也一直认为她是一个非常自信的孩子。可是，她现在突然变得小心翼翼、瞻前顾后了。她经常拒绝尝试一些活动，可我们知道她其实是喜欢这些活动的。这真令人沮丧！为什么她现在总是抱怨旧的事物让她无聊，却又害怕尝试新鲜事物呢？"

这是因为青少年此时正陷入进退两难的境地，既不安于现状，又不愿意做出改变。随着年龄的增长，他们不得不进入一个更复杂、更令人生畏的环境，远离父母的庇护，面对陌生的经历，遇到更多的未知与不确定。中学生活的第一年会让小少年充满焦虑，这是很正常的现象。"要了解的事情真是多得吓人！"此外，他们还要习惯与同龄人之间的全新社会规则。那些在童年时只是玩伴的朋友，到了青春期变成了力争与之并驾齐驱的竞争对手。这个时候，为了名次、地位以及归属感，会与同龄人产生更多的比较和竞争，这成为青少年的当务之急。童年的关系模式已经不符合现在的生活，这让青少年在家庭中更容易感到孤独，而外界又有很多东西让他们心生怯意，这就是为什么朋友开始变得更重要了——他们既是孤独时的陪伴者，也是成长路上经历风雨时的避难所。

对青少年来说，青春期早期是一个属于勇敢者的新世界，因为他们面对着如此多的不确定和未知，这确实需要勇气。所以，当青春期的洪流汹涌而至时，大多数青少年都会失去一些自信。童年时期，孩子们一般在相对封闭的家庭环境中活动，所以他们往往比进入青春期后更自信。而现在，随着青春期的到来，他们需要走出舒适的家庭圈子去面对外面的世界，所以往往会感到不安全，有时甚至会感到害怕。这一般表现为怯于尝试。让我们来看看常见的怯于尝试的行为。其中可能包括：

- 害怕失败：担心表现得不够好；
- 害怕曝光：担心众目睽睽的场景；
- 害怕评判：担心会受到批评；
- 害怕尴尬：担心被人嘲笑；
- 害怕被拒绝：担心被他人拒绝；
- 害怕失望：担心被人辜负；
- 害怕挫败：担心自己会输；
- 害怕受伤：担心自己会受到伤害；
- 害怕意外：担心会有意想不到的事情发生；
- 害怕被排斥：担心找不到社会归属感；
- 害怕陷入麻烦：担心做错事被纠正；
- 害怕成功：担心会有必须不断取得成功的压力。

在需要尝试新鲜事物时，青少年会被无穷无尽的恐惧感包围。而当父母看到孩子不敢尝试那些没做过或者不擅长的事情时，心里也会生出无穷无尽的挫败感。看到孩子放弃提高能力和积累经验的大好机会，目睹他们因犹豫和胆怯而放慢成长的步伐，父母可能会忍不住勃然大怒。

"他摆脱不了自己的恐惧。要是他肯和朋友一起去参加校园舞会，一定会玩得很开心的！"

"不可能！"少年人往往会给出这样的答案，之所以执意如此，是因为他们还没有做好承担社会风险的准备。

在对待青春期早期的孩子时，父母最好保持一颗平常心，因为那些曾经的寻常小事，此时在青少年眼里也是勇敢之举。例如，一个二年级时会在课堂上积极举手回答老师问题的孩子，为什么上中学后害怕在课堂上被点名呢？对一个孩子来说，课堂学习是令人兴奋的，但在青少年眼中，它可能充满了社会风险。伴随着怯于尝试出现的，是想要放弃的冲动。这可能会让一些家长真心着恼。"不管怎样我都可能会失败，那为什么还要继续尝试呢？"父母真的不想让孩子在遇到困难或麻烦时就当"逃兵"，这种行为与他们"一定要坚持"的理念太背道而驰了。在这个关键时刻，面对眼前垂头丧气、想要放弃的青少年，父母以坚定而温和的鼓励让他们坚持到底比一味批评要好得多。"当尝试变得困难时，坚持是勇敢之举。"

父母千万别忘了，在尝试任何新鲜事物时，都需要一个学习的过程，这样想的话，就会对青少年的行为多一些理解。而在这个敏感脆弱的年龄，学习本身就至少在 5 个方面具有风险。

1. 你可能不得不暴露自己的无知："我可能看起来啥都不懂。"
2. 你可能会犯错："我可能会出错。"
3. 你可能看起来很傻："别人会看到我把事情搞砸。"
4. 你可能会自认为很愚钝："最后我会表现得笨拙不堪！"
5. 你可能会被评头论足："要是我失败了，别人会怎么说？"

在鼓起勇气面对学习的五大风险时，青少年失去的可能会比儿童失去的更多。

在面对青春期早期充满焦虑的青少年时，父母可以设身处地去理解他们的恐惧，并尽力创造一个积极的环境，鼓励他们去进行尝试和学习，支持他们去做出努力，尤其是当这个过程让他们倍感煎熬或结果不如人意时。假设有一个 13 岁的孩子正为遭受挫折而沮丧，父母可以这样对他说："我知道在付出那么多努力之后，这样的结果很令人沮丧。但不用太过伤心失望，因为你已经尽力了。在我看来，你应该为自己感到骄傲，因为如果一个人没有时不时地经历失败,只意味着他并没有尽力去尝试。勇敢去尝试对你来说是好事!"对青春期早期的孩子而言,父母给予的理解、鼓励和认可异常宝贵。"尝试新事物并不容易,但你会从中学到很多有用的东西!"

父母可以以更积极、乐观的态度去看待学习的风险。

正确认识无知:"所有的学习都始于承认我们不知道。"

重视犯错行为:"犯错是你学会改正错误的方式。"

在孩子自认为愚蠢时,安慰:"你学得并不慢,你在以自己的速度学习。"

在孩子表现出笨拙时,鼓励:"让别人看到你为学习付出的努力是勇敢的行为。"

给予鼓励性评价:"现在你知道的东西比以前多多了。"

父母通常会在疲惫、焦躁或压力大的情况下,比如劳累了一整天之后辅导孩子做家庭作业、学习或完成某个任务,此时容易做出一些他们永远不应该做的事情。他们的表现会让原本就令人生畏的学习过程雪上加霜。

忍受不了孩子的无知:"你居然不知道这个?"

对孩子的错误很不耐烦:"你又错了!"

批评孩子的表现:"你到底怎么回事啊?"

嘲笑孩子的愚笨:"你可真够笨的!"

做出苛刻的评价:"你永远都学不会!"

俗话说,父母是孩子最好的老师,所以,父母必须让孩子认识到学习是一件神圣的事,千万不要因孩子的表现而大发雷霆或冷嘲热讽,这样只会让孩子战战兢兢,更不愿学习。

把刚上六年级的学生与八年级的毕业生进行比较时,我经常会发现,他们在这段时间内的成长速度非常惊人,这是因为他们坚持不懈的努力。虽然有这样那样的恐惧,但那些勇敢的尝试带来了巨大的改变。稍作比较你就会发现,一些在六年级时还战战兢兢、无所适从的学生,经过一番刻苦努力和勇于尝试，到八年级时会变得信心满满，有时甚至自视甚高。因为他们接受了成长的挑战并取得了胜利，所以一时之间自信心爆棚。

兴趣的丧失

对童年期的孩子来说，生活似乎有着无尽的魅力，让他们永远充满好奇，而致力于追求独立与独特的青少年则对生活提不起兴趣。他们告别了童年，也放弃了许多宝贵的、充满童趣的娱乐活动，体验到了越来越多的茫然感：不知道该做什么，不知道有哪些有意义的东西值得关注。这个时候，如何让自己满意、让自己开心、给自己找事儿、给自己找伴儿是这种青春期无聊状态带来的挑战。童年的乐趣被抛在一边，青少年需要花时间去寻找新的活动和兴趣来填补空白。而在找到之前，他们会体验到空虚、惆怅、烦躁、没着没落、无所适从、无所事事等不舒服的感觉，而这些通常是成长过程必须完成的蜕变中的一部分。

如果你家里有一个正处于这个脆弱年纪的小少年，此时你的一个重要目标就是帮助他认识到，不该把无聊视为一种需要逃避的不愉快情绪状态，而是应该把它看作一个需要去迎接的挑战，一个可以开发智力、创造新兴趣的机会。我认为，如果让孩子在这个阶段学会应对，就可以减少一些不良行为对他们的诱惑，比如冲动地寻求刺激、强迫性地上网找乐子。等他们更年长一些时，这样做甚至可以减少因无聊而去使用兴奋剂和致幻剂的可能。所以，当很多青少年为缓解自己的不适感而求诸于外时，无聊就会催生大量的青少年问题；而与此同时，如果青少年能够耐着性子接纳这种无趣感，就可以把它当作开发智力与创造力的机会，促进自己的成长。

童年期的孩子总是有很多想做的事情，而青春期的少年可能会花更多的时间躺在那里抱怨生活的乏味。"我好无聊！""没事可做！""我讨厌那些必须得做的事！""我得干点什么！""我烦死做这个了！""我不想那么做！""我想不出能干什么！"一位母亲曾诗意地描述她 11 岁的孩子陷入了一种"发展性慵懒期"（她命名的），我认为这个词恰如其分地抓住了青少年抱怨的那种状态：在无聊中一动也不想动，却又坐立难安。

青春期带来的那种全新的"解放感"也会导致无聊。青少年会发现，原来自由也是催生无聊的温床。现在他们有了比以往更多的选择，可又该如何选择呢？青春期早期的孩子很多时候都一片茫然。父母经常会在每个学年结束时看到孩子陷入这种困境。青少年对即将到来的假期兴奋不已，终于暂时摆脱了上学带来的无聊，他们可能会兴高采烈地宣布："终于不用做作业啦！"

然而，没几天他们就崩溃了。"无事可干！我好无聊啊！"

他们不知道如何填补内心的空虚："我想做点什么，可是又不知道做什么好！"

当青少年抱怨"无聊是一种痛苦"时，他说的是实话。无聊让人难以"忍受"的是什么呢？我们会用相似的语言意象来描述"无聊"和"恐惧"这两种常见感受对人造成的影响，这不是心理上的巧合。我们经常说一个人可能无聊/害怕得"傻了""僵了""哭了""疯了"，甚至"死了"。虽然父母很容易不把这种状态当回事，但无聊不应该是一种被轻描淡写甚或视而不见的心理状态。它涉及严重的情绪不适，可能会导致青少年产生自我挫败甚至自我伤害的行为。我认为无聊的核心痛苦是孤独。青少年可能会说："我没兴趣做事，没兴趣理人，没兴趣搭理这个世界。"事实上，他们缺少的是让他们满意的目标、意义或活动。不过，无聊并不是最主要的问题，青少年为了应对或平息痛苦而采取的个人行为或集体行为才是问题所在。

无聊和另一种经常被家长忽视，但对青少年来说却非常痛苦的情绪——难堪类似。难堪距离丢脸感只有一步，距离羞愧感只有两步（所以不要取笑），而无聊距离无目标感只有一步，距离绝望感只有两步（所以不要低估这种情绪)。

当无聊感形成时,就会产生躁动不安,从而激发冲动,驱使青少年将注意力转向别处以逃避痛苦。"我那样做只是为了找点事做!"我们还可以看看无所事事的青少年一起闲逛时会发生什么。在这段时期,无聊的青少年可能不会单独做什么,但在同龄人的陪伴下,他们可能就会干点什么不该干的。因此,在一个群体中,青少年会冲动地追随他人一起吸毒、恶作剧、搞破坏、旷课、参与冒险、卷入非法活动,甚至由着性子做出暴力行为,以这样的方式来减轻单调乏味带来的痛苦。有一次,一个青春期孩子在冲动之下违法而被捕,他是这样向逮捕他的警官解释的:"我们厌倦了无事可做!我们只是觉得无聊!"有时候,一个糟糕的选择会让你觉得,它比实在没有好选择的无聊状态要好得多。无聊可能是"魔鬼的游乐场",是青少年无数麻烦的集结地和触发器。青少年很难抗拒无聊的冲动,尤其当出现下面两种无聊时,这种冲动会加倍。

类型 I 无聊来自对什么都没有兴趣的"空虚"感:"我受不了无事可做!"想想那种孤独的无聊吧,不知道如何面对自我,感到人生毫无目的。例如,有些青少年会在家里做一些被明令禁止的事情,因为对他们来说,干坏事也比忍受漫无目的的痛苦感觉好些。

类型 II 无聊来自陷在一堆不感兴趣的事情中的被"包围"感:"我受不了那些不得不干的事情!"例如,有的青少年会因为厌倦没完没了的作业而故意在课堂上胡作非为。

如何管理这种无聊情绪呢?它的挑战之处在于如何处理它带来的不满足感。其实无聊感也可以是成长的契机,我们只需找到激发青少年兴趣的新方向。然而,在被牢牢困住、无法突破的沮丧感中,要建设性地管理这种无聊感很难。与疲惫感一样,无聊感也会让人对未来的各种可能产生消极的看法。青春期早期是黄金时期,应该利用这段时间帮助青少年学会如何建设性地应对无聊情绪,因为随着年龄的增长,世俗中供人逃避现实、追求刺激和寻欢作乐的选择会变得越发危险。父母在这段时间可以发挥的作用是：对无聊带来的痛苦感受表示理解，并帮助孩子积极主动地寻找摆脱这种困境的方法。"也许你可以找到一种新的或不同的方式来激发自己的兴趣。"父母希望青少年利用自己的主动性、智慧和创造力来填满这段属于青春期特有的空虚。

父母一定要密切监控孩子体验到的无聊到了哪种程度。这种情绪是暂时性的（偶尔产生）还是长时间的（一直持续）？如果是长时间的，那么父母一定要注意了，因为持续的无聊感会让青少年感觉处于一种越来越难熬的情绪状态，急于摆脱这种难受的冲动会促使他们做出一些可能会对自我或社会不利的行为。"我是因为无聊才割伤了自己。""我们在建筑物上涂鸦是因为实在太无聊了。"

处于青春期早期的孩子往往会陷入无聊状态，此时就需要父母出手相助了。具有讽刺意味的是，父母能做的往往是那些可能引起青少年抱怨的事情。父母可能替青少年选择一些他们不喜欢的活动，记住，就算他们抱怨不休，他们很有可能还是会按父母说的去做，甚至喜欢上他们曾认为永远不会喜欢做的事情。"我讨厌你们让我出门，但到了外面我玩得还是挺开心的。"虽然青少年缺乏让自己摆脱无聊的主动性，但这并不意味着他们不会一边听从父母的意见，一边责怪父母逼自己动起来。属于父母的"吃力不讨好"时代已经到来了。

所以，父母可以考虑下面这几个可能有用的角色。

入门引导人：根据对子女的了解，父母可以找一些他们认为可能适合孩子的活动或爱好。"我并不要求你长期做这个，只是想让你去试一试。"

活动负责人：要求孩子帮忙和协助，父母可以让孩子参加各种形式的家务劳动和社区服务。"我知道你对这个不感兴趣，但我对它感兴趣，这样你就有事可做了。"

社交替代者：自告奋勇陪伴孩子参与各种社会娱乐活动。"我知道和我们在一起跟和朋友在一起是不一样的，但我们可以陪你做一些你觉得有趣的事情（出去吃饭、看电影）。"

并不是所有处于青春期早期的孩子都会遭受无聊之苦。有些孩子可能把儿时的兴趣爱好延续到青春期，比如他们会继续练习乐器或从事体育运动，但我相信大多数孩子不会。在一段时间内，他们确实在某种程度上失去了爱好。对这些青少年而言，成长中的无聊感就是在青春期早期产生的。所以，如果一个孩子长期处于兴趣缺乏或百无聊赖的状态，父母伸出的援手可能会帮助他们找到出路。根据我对青春期无聊状态的了解，我对此深信不疑。永远不要低估它的力量（尤其是在一群无所事事、四处游荡的青少年中），因为在集体绝望感的驱使下，青少年更有可能通过寻求刺激来逃避无聊，而这种刺激可能会惹出祸端或带来麻烦，甚至对自己或他人造成伤害。

有一种方法足以应对缺乏自信和无聊的状态，那就是挑战自己，把精力投入到新事物或困难的事情上，让自己在这个过程中变得更强大，增加自己的能力感。苦于无聊的中学生们最欣赏的老师类型通常不是那些对他们听之任之、让他们轻松自在的，而是不断给他们挑战、促使他们成长的类型。

"即使我百般抱怨，她还是一直紧盯着我，不准我不学习。"

父母能为孩子做的有哪些呢？本着提高自信和增加兴趣的目的，父母可以支持青少年去应对生活中的各种挑战，例如参与家庭活动、提高动手能力、保持一种养生习惯、练习一项技能、表达某种创意、解决一个棘手的问题、修理某个破损的东西、参与某种竞争性活动、加入团队合作、提供志愿援助、克服某种恐惧、参加某种社区服务、帮助别人满足愿望、加入领导小组，或者只是尝试某些可能感兴趣的新事物。父母可以支持并鼓励青春期早期的孩子去迎接的挑战有很多，而且他们也应该这样做。

我们希望，青少年能把无聊感视为一项需要面对的挑战，而不是需要通过各种手段来逃避的不快（例如利用网上娱乐或致幻物质来逃避），并且在此过程中明白一件事：没有任何一项活动（无论它让人觉得多么不值、多么平常乏味或简单重复）在本质上是无聊的。既然任何事物都有可能唤起人们的兴趣，那么无聊感就在于人，而不是活动本身。从这个意义上说，"无聊"一词就是对某项活动的中伤、贬低和唾弃，因为它不能立即引起人的兴趣。如果在青春期早期的正常无聊期，青少年学会了如何给自己找事做，那么无聊就不太可能导致他们在未来更危险的岁月里因冲动而误入歧途。拥有战胜无聊的智慧，会让人感到充满力量。

"因为没有更好的事情可做，我就试着去读书吧。而且，你也看到了，读书也没那么糟糕。"

父母应该做的，就是在见证孩子不断接受挑战的过程中，认识到自己的付出得到的可能是孩子更多的抱怨，而不是感念。青少年要克服因失去信心而产生的怯于尝试，因失去兴趣而产生的无聊感，方法通常是一样的：主动迎接挑战，在挑战中成长。

第 6 章

反抗与冲突

"和十几岁的孩子又吵了一架之后,我们觉得精疲力尽,他却气定神闲!"

伴随着青春期而来的,是青少年对独立与独特的追求,这个过程不但造成了他们在个人生活上更多的混乱无序和注意分散现象,还会导致他们与父母产生更多的分歧。接下来,我们就从几个方面对这些不断增加的分歧进行讨论:对底线的试探、积极抵抗和争论、消极抵抗和拖延、如何理解父母与青少年的冲突、如何处理冲突以及如何容忍冲突。关于如何应对分歧,有很多需要我们灵活掌握的原则。

试探底线

青少年已不再满足于只被定义为一个孩子以及获得相应的待遇,这鼓动着他们不断去试探在童年时父母设定的各种限制和要求,看看它们在自己进入新的阶段后是否依然成立。因此,在青春期开始的时候,父母通常需要再次向孩子明确需要遵守哪些家庭行为准则。

随着年龄的增长，青少年自然会很好奇，父母给予他们的自由会有哪些改变。青春期的另一个定义是"解放"。现在的他们将从哪些童年行为准则中获得解放？在独立与个性方面，他们将被允许拥有哪些新的自由？在家庭生活中，对哪些基本原则的遵守依然非常重要？青少年的有些试探通常是不被允许的，他们想通过这种方式来弄清楚有哪些违规行为可以不受惩罚；有些试探则是直接质疑旧的家庭规则和行为规范。对那些违反规则的试探，父母必须即刻做出反应。"私下行事，不跟我们说实话是不行的。像小时候那样，你必须让我们充分而准确地了解情况。"父母需要明确回答有哪些旧规则仍然适用的问题："是的，你还是要每周做家务，按时上床睡觉，要和我们一起检查家庭作业是否保质保量地完成了。"这种对过往规则的试探会让亲子关系陷入新的紧张状态。

从这个时候开始，青少年不断争取独立行动的自由和表达个性的自由，亲子关系中的争执越来越多，摩擦越来越大。所以，当青少年为了一些父母不允许的个人行动（放学后不打招呼就去朋友家）而反对父母的权威，或为了一些父母不理解的个人想法（穿破衣服去学校是时髦）而争取父母的认可时，分歧会变成双方的争执并最终演变成冲突。"我有权拥有自己的社交生活！"或者"我有权像我的朋友那样穿衣服！"

一个健康的孩子要做的，是为获得更多的社会自由和个人表达而抗争；一个健康的家长要做的，是保证孩子的这种抗争在安全和负责的范围内进行。这种冲突在青春期会逐渐展开。面对越来越多的分歧，父母必须坚持自己的立场，与青少年故意作对的心态、同龄人不可轻视的影响以及大众媒体的影响相抗衡，让孩子知道在家里要遵守哪些规则、要求，以及父母的期望和价值观。随着父母与孩子之间的摩擦不断增加，父母必须应对来自青少年的两种常见抵抗形式：以争辩形式出现的积极抵抗和以拖延形式出现的消极抵抗。

积极抵抗：争辩

问问父母，与青少年争吵是什么感受，许多人会说，他们恨不得这种争吵越少越好，没有最好。父母觉得青少年的争辩不得要领，令人恼火，而且缺乏尊重，让人心力交瘁。青少年经常会提出一连串的反对意见，并且通常是以提问形式出现的。

"我为什么应该这样？"

"为什么它这么重要？"

"为什么要马上做？"

"为什么不能等会儿？"

"为什么我不能？"

"告诉我为什么呀？"

这就是为什么有些父母认为青少年的"好辩"很招人烦。

不过，青少年好辩也有一些积极的方面，父母最好记住下面这几条。

争辩就是说出自己的真实想法。青少年在争辩时，会说出他们的想法或需求。通过吐露心声，他们能让更多的人了解自己，获得更准确的社会定义。他们让人记住了自己表达的立场与态度。在一个自我表达极其重要的成人世界里，对比一个可以为自己说话的孩子和一个不能为自己说话的孩子，谁更有力量杀出重围？一个在成长过程中被人看见却没被人听见、不愿与父母争论的孩子，可能是一个过于习惯沉默、太不善于表达、太想取悦他人、太焦虑、太不自信、让人看不到自己优势所在的孩子。

争辩是在传递信息。当青少年与父母争辩时，其实是在告诉父母一些关于他们自己的事情：什么对他们来说是重要的，他们如何看待正在发生的事情，他们与父母有什么不同。对于想了解孩子所思所想的父母来说，孩子自身就是最好的信息提供者，既然如此，何不鼓励他们进行更多争辩以自我暴露呢？与其告诉孩子停止争辩，不如设法把他们的想法都引出来，"你能多说点吗？看看能怎么帮助我们更好地理解你？我们希望你把想说的都说出来。"父母应该珍惜孩子的坦白。如果青少年不愿与父母争辩，父母就会觉得自己的孩子像一个谜，内心不以为然却只字不提，让父母对自己真实的想法、需求和感受一无所知。

争辩是练习。说到辩论，当青少年在言语上挑战父母时，父母就像安全的陪练伙伴，可以帮助他们培养出用来对付他人的辩论技巧。至于选择什么来辩论，由青少年自己决定，但这场辩论如何进行则取决于父母，他们要教孩子在与他人意见不一时如何说话和倾听，什么样的语言是可以采用的，什么样的语言是不可以的。有时，父母会苦中作乐，说他们培养出了一位训练有素的诉讼律师，在捍卫自己的立场时，他拥有律师级别的辩论技巧。提出一个好的论点需要解释、反驳和耐心。一个无法与父母争辩的孩子可能还没有做好在口头上为自己辩护并向成人权威证明自己观点的准备，在面对更善于表达的同龄人时可能就会处于劣势地位。

争辩是倾诉。用行动来解决分歧，比如人身攻击或怒吼等方式，与用理性的语言就不同的观点进行辩论以达成一致意见是不一样的。为了如愿而诉诸行动可能会让你在互动中受到更大的伤害，也更难达成一个统一的解决方案。当青少年选择言语争辩（说出想法）而不是诉诸行动（如发脾气、摔门或拂袖而去）时，父母应该深感欣慰。如果孩子不把与父母的分歧说出来，只用行动来达到自己的目的，那就说明他还没做好面对这个由各种关系组成的世界的准备——在这个世界中，很多分歧必须用争辩的方式去面对、讨论并解决。

争辩是尊重。有时父母认为青少年的争辩是对大人的"顶嘴"，是不尊重大人的表现，是在质疑长辈们的意见，而社会上普遍认同的是服从长辈。其实，与父母争辩是一种尊重父母的表现，完全无视父母的话才是不尊重。通过争辩，青少年承认父母有采取立场、设置限制和提出要求的权利。争辩是青少年行使自己的权利，以挑战挡在成长之路上的家庭掌权者。一个不尊重父母的孩子不仅会无视父母要说的话和想做的事，对他们的权威更是不屑一顾到认为根本不值得与之争辩。

争辩是深思熟虑。为了证明自己，青少年必须组织他们的观点。他们必须进行合理的陈述，提出用来反驳的论点，捍卫个人的立场。他们必须展开有理有据的辩论。争辩并不容易，尤其在面对那些比自己更有生活经验的成年人时。有时候，为了让自己更有说服力，孩子需要做一些功课来找到有用的信息。然后，用一种最不容易冒犯对方、最容易说服对方的形式表达自己的论点。在整个过程中，都必须保持冷静，在挫败时才不会生气和混乱，也不会因感情用事而放弃理性说服的方式。要想取得良好的辩论效果，需要大量的心理训练。如果孩子不能在反复的辩论中保持头脑清醒，那就可能在辩论过程中变得思维混乱，或者失去情绪控制。在这两种情况下，他们都会破坏自己的辩论效果。

争辩是勇敢。在儿童和青少年的世界里，父母属于那种在心理上很强大的人群。在孩子的心目中，父母越是让他们敬畏，他们就越难去做让父母不高兴的事，至于要顶撞他们，冒着得不到他们认可的风险，简直是想都不敢想。所以，身为一个小少年，去和父母争辩会让他战战兢兢。正是因为与父母较量是件让人害怕的事情，所以，与他们争辩是一种勇敢的表现。"对权力说真话"从来都不容易，尤其是对着那些颇有权威的父母。认识到这一点后，父母就可以在争辩中营造一种安全的氛围，他们可以带着尊重去倾听，不要用任何方式贬低孩子，比如取笑或讽刺，或者紧张的微笑，这是成年人在冲突中感到不舒服时常见的表现。对于青少年来说，与父母争吵可不是闹着玩的。这是一件严肃的事情，因为他们希望自己说的话被认真对待，而不是被父母以年轻或缺乏生活经验为由加以敷衍或无视。如果孩子在家里避免争辩，害怕控制欲强、跋扈或专横的父母，不仅会让这段亲子关系缺乏开放性，而且还有可能在以后的生活中缺乏与重要他人坦诚地面对分歧的勇气。

争辩是解决问题。争辩不只是一个对立、对抗或竞争的过程，它还是一个交流、协作的建设性过程。辩论需要双方参与（合作与竞争）才能实现。这就是为什么争辩有可能产生积极的结果。例如，当青少年想这样做，而父母想那样做时，不妨分享和倾听各自的看法，这可以使他们对分歧有更全面的了解。争辩使双方不断增进理解，也就随之有了更多讨论、协商和讨价还价的空间。在这个过程中，双方都可以证明自己比另一方更聪明，因为每个人都比以前知道得更多了，而且，他们还可以一起制定一个双方都认可的替代性方案。一个懂得辩论在协作与交流方面所具价值的青少年会以之为利器，用来平息纷争、解决问题以及创造更多的可能。"一开始我们争辩的是哪些事情你不能做，最后达成了哪些事情你能做的协议。"

当然，通过指导、示范和互动，父母需要教会孩子如何"互相尊重"地辩论，这意味着在争辩过程中没有人会受到威胁或伤害，每个人的意见都能被倾听。懂得如何安全有效地辩论是一种极其宝贵的生活技能，它让青少年有能力表达和主张自我的利益，有能力与他人合作并为自己争取权益。如果你是一个高中生的家长，不要让你的孩子在没有掌握这项技能的情况下走向社会。争辩是不同意见之间的对话，了解如何有效地进行这种对话是极有必要的。

消极抵抗：拖延

父母可能会厌倦争辩，更有可能因为孩子的拖延而心力交瘁，不管他们有什么要求，都会被推迟到"以后"。父母在处理因孩子拖延而产生的恼怒情绪时，保持幽默感真的很重要，我并不是说去取笑青少年。取笑绝对不是一个好主意，因为这会让孩子感到被轻视或被贬低，从而造成伤害。不过，为人父母的身份、在养育青春期孩子时遇到的窘境，都是可供幽默发挥的素材。幽默可以让孩子对这个过程不那么反感，降低挑战的难度，也减少不必要的严肃。

让我们举两个例子，看看父母的幽默感是如何缓解青少年拖延行为带来的挫折感的。在要求"现在"就完成某件事的父母和铁了心要"以后"

再做的青少年之间，似乎有一场永恒的拉锯战。

首先，让我们来认识一位将幽默的作用发挥到极致的父亲。在经过一些修改后，他描述的场景是这样的：

这名男士原本以为孩子能和从前一样，及时完成父母安排的事情，但他那正值青春期的儿子却不断地拖延，父子之间就像在进行一场"现在 vs. 以后"的比赛。对青少年来说，是否按照要求做事已经变成了一个象征性的问题，代表着是否能自己说了算；是否能想方设法成功地拖延执行父母的命令，关系着自己有无尊严。

在这位父亲看来，孩子拒绝合作的策略是这样的。

"我儿子的行动策略很简单：你可以告诉我要干什么，我会告诉你我什么时候去干，等空头支票积攒得够多了，我会做'一点点'你让我做的事情。不管我想让他做什么，他都要让我不得消停，对他来说这就是最重要的。所以，他最终会同意做我要求的事，但就是不彻底完成。我得跟在他屁股后面一直盯着，这让他感觉成功地压了我一头。"

在这种情况下，为了让儿子明白自己说话算话，这位父亲发现自己的意志和智慧与他笑称的"拖延恶龙"旗鼓相当。据他说，他从来没有杀死过这个怪物，但可以暂时压制它，方法就是用锲而不舍的追问迫使儿子最终放弃抵抗。总而言之，从下面的例子我们可以看到，这位父亲常常不得不强忍恼怒与儿子斗智斗勇。

我儿子 15 岁，每次他洗完澡的时候，浴室地板上总是到处散落着湿毛巾，因为他老是把毛巾随便乱扔。"你能把毛巾挂起来吗？"我问。"当然，"他答应得非常爽快。但我知道等着我的下一句肯定是："稍等一分钟。"

我想说的是，我并不是以前没有经历过这种折磨，已经经历过大概一百万次了！所以我等了一个小时再去检查浴室，一切原封不动。没有人动过毛巾，它们躺在地上休息得很好，可能他也是。于是我把头伸进他的房间，提醒他："毛巾！你说过会把毛巾捡起来的！"

他看着我，摇了摇头，好像他是个长期受苦的家长，而我是个麻烦的孩子。"我希望你不要打扰我，"他说。"我在做作业。你总是催我做作业。你能不打扰我做作业吗？"

别问我他是怎么做到的，但此时我觉得自己只有招架之功，毫无还手之力。"你写完作业就去把毛巾捡起来吗？"他只是摇了摇头，好像我这人有毛病，他不知该如何忍受我。"是的！是的！是的！现在我可以写作业了吗？"

我觉得自己有点太强势了，于是离开了。

两个小时后，那些毛巾还在他丢下的地方，我发现他正在看电视。这下子我把他逮个正着。这回他说什么都站不住脚了，所以我说："如果你有时间看电视，就有时间去把毛巾捡起来。"这时，他给了我一个饱含痛苦的眼神。他说，"一周一次，这要求过分吗？我每周只看一次我最喜欢的节目。这是我唯一喜欢看的。我已经照你的要求写完了家庭作业。现在，我可以看我的电视吗？比赛一结束，我就去捡毛巾。"

嗯，他确实完成了家庭作业。"好吧，"我说。"但结束之后马上去捡，不要再找借口了。"他点头表示同意，以一副实在受不了的样子不耐烦地挥了挥手，示意我离开。

一个半小时后，让我不敢相信的是，毛巾依然纹丝不动！我冲进他的房间。他的灯已经灭了。"毛巾！"我对着黑暗大喊。"怎么了？有什么事吗？"一个声音迷迷糊糊地问道，好像我把他吵醒了似的。但我坚持我的立场。"那些毛巾，"我又说了一遍。沉默。"你把我吵醒就是为了说毛巾的事？"他问，言下之意是如果有什么问题，那肯定不是他的错。"你总是催我按时上床睡觉，保证足够的睡眠。现在你就为了这个把我叫醒？就为了毛巾？我不能明天早上再捡起来吗？我也累了。"

"你保证？"我问。"我保证，"他说。"现在我可以睡觉了吗？"

第二天早上，在他正要去学校的时候，我发现昨晚的毛巾和今天早上淋浴后的毛巾叠加在一起了。就在那个时候我爆发了。我感到被欺骗了：

"你说了几次要捡毛巾，为什么还没捡？"

你真该看看他脸上那一副难以置信的表情。"你想让我错过公交车？你想让我上学迟到？就因为一块毛巾？毛巾和上学哪个更重要？"幸运的是，我做出了人生中最正确的一个决定，"上学？今天就别上学了！你必须先把那些毛巾捡起来！"

所以，据这位长期忍受痛苦的父亲所说，那个少年最终把毛巾捡了起来，除了一块位置不明显的湿透的毛巾（被留在了浴室的水槽下面），这也许是在提醒"游戏"还在继续。

"完成了十之八九就算不错了，"这位父亲微笑着总结道。虽然孩子的拖延战术占了一时的上风，但父亲显然没有被打败，这种感觉让他忍不住哈哈大笑。"咱们走着瞧！"

回顾这段交锋，这位男士在整个过程中设法保持了他的幽默感，并在这样做的同时采取了锲而不舍的策略，逐渐耗光了青少年的抵抗。他觉得这很好玩，这种兴致盎然的感觉使他能够把养育青春期孩子当作一场持续的游戏："放马过来吧。"在这个游戏中，对孩子的教养是一个进一步、又退一步的过程，赢得一些，失去一些，不断让步和妥协，但从不放弃，因为他所做的一切是为了儿子，是想给他一些积极的影响。

即使这种必要的追逐游戏有时让这位父亲感觉疲倦厌烦，但他的幽默感就像阳光一样驱散了沮丧。他绝不会把幽默感用在对儿子进行讽刺或侮辱上，所以我们能从这个家庭的规则中观察到如何安全地使用幽默感：能够让人情绪轻快起来才开玩笑，如果会导致情绪低落，就不要逗乐。所以，这位男士给我讲的关于他和青春期少年的故事，其实是一个关于他自己的故事：对无奈处境和自己应对方式的自嘲，对儿子反抗精神不情愿的夸赞。他没有把这个问题当成是针对他个人的，而是利用幽默感来开辟了一个全新的视角，找到了问题的解决方法。

我们再来看一位母亲的例子，她面对着同样的烦恼——青春期孩子的拖延。这位母亲用机智和幽默创造了一种轻松有效的方法，以对付另一位处于青春期中期的不合作少年。

当然，她也发现了，如果不紧盯着，"一会儿"就会变成"永远"。她没有因为自己的要求被拖延而生气或发火，而是带着幽默感接受了挑战。她把这种方法称为"积极等待"。"积极等待？"我问，因为我从来没听说过这个词。"是的，"她解释说。"我一开口，他就会承诺'以后'，接着就回到自己的房间，关上了门。所以我等了几分钟，然后走了进去，他正抱着笔记本电脑躺在床上，我就站在床边，默默地看着他，脸上带着亲切的微笑。他抬起头，'妈妈，你站在那里干什么？为什么那样看着我？''等着你照我说的去做。'我愉快地回答。'我说了过一会儿再去做，我一定会的！''我知道你会的，那很好啊。'我说，'我不介意等你，不管你在哪儿。只不过我会一直跟着你，直到你去做了。'""这管用吗？"我问。"屡试不爽，"她说，"因为我跟在他后面的时候一直保持微笑，他会摇摇头，往往会忍不住也笑了，最后就按照我的要求去做了。"

青少年的拖延行为很容易让我们体会到挫败感，常常会忍不住因此而责罚他们，但是，监督通常才是最有效的，父母毫不妥协的坚持最终会消磨孩子的顽固抵抗。父母可以从中得出的教训是，如果必须提出某个要求，就一定要尽力让它得以完成；如果必须遵守某个规则，就一定要保证它被严格遵守。在这两种情况下，都需要父母做一些跟进落实的工作，而且，在这个过程中，也向孩子表明了他们言出必行的决心。当他们不这样做的时候，少年人可能会对这种前后不一加以利用，并进而怀疑父母的决心是否坚定。

理解亲子冲突

正如本章开头所述，在青春期追求独立与独特的发展性力量的驱使下，青少年与父母在这个阶段需要去体验、承受彼此间远比童年时期更多的分歧和差异。这并不意味着亲子之间会进入某种"战争地带"。这仅仅意味着，青少年为了获得行动和表达的自由而进行的与父母疏远、尝试新事物以及与父母对抗的行为，将导致亲子之间产生更多的争论。冲突并不意味着他们的关系出了问题。利益冲突是正常的，而言语冲突也是有用的，因为它让人有机会把分歧说出来，而不是诉诸行动。在我 2009 年写的关于家庭冲突的书《停止喊叫》（*Stop the Screaming*）中，我提醒父母们，如果他们在出现重大分歧时缺乏与孩子和睦相处、保持联结和沟通的工具，那一定是有什么地方出了问题。

将父母与十几岁的孩子相比，两者对冲突的容忍度是不对等的。有时候，习惯了与同龄人相互挤兑式交谈的青少年似乎对与父母冲突也乐此不疲，父母却巴不得能避免。对父母来说，它是对能量的消耗，是压力的来源；而对青少年而言，不过就是寻常小事——催问他们想要的，质疑他们不想要的。

总的来说，不管是父亲还是母亲，都需要提防"反思性育儿"（reactive parenting）的陷阱，也就是说，在面对总想和父母对着干、习惯强烈的表达方式或情绪像个炸药桶似的青少年时，父母会在提出要求前条件反射式地先看孩子的脸色，形成一种"踮脚尖反应"（tip-toe response）。父母竭力避免可能的冲突，这种行为让青少年有了在情绪上占据主动的机会，做事全看自己的心情。"全家人的行事宗旨就是不让她心烦！"

在这种情况下，父母需要收回主动权。因此，当大门被孩子"砰"的一声大力推开，宣布自己放学回家时，父母不要再默默让开、不去招惹她，而是应该挡住她的去路，说自己很高兴见到她，然后要求她去做他们需要她做的事情。当然，她会反对，但父母要坚持。这个时候，父母已经开始让她变得更被动了，因为他们设定了一些让她参与家庭事务的条件。这似乎不是一个很好的选择，但主动提出一些要求对父母而言相对要好一些，这样青少年就能学会遵守双向付出和得到的合理规则。

在口头交流中，言语冲突是一个很重要的过程，通过它，人们可以用一种相对安全的方式来面对、讨论和解决人与人之间不可避免的分歧。分歧无时无刻不在，身处其中要一直保持建设性对话是非常困难的。

管理冲突

在处理家庭冲突时，安全是最重要的准则。父母要用言传身教的方式让孩子懂得，当发生冲突时，任何人都不应该对另一方施加威胁，或者以任何言语、情绪或身体方式给对方造成伤害。遵守这条规则并不容易。在家庭中，冲突可能是一种足以激发情绪的体验，因为冲突各方在处理反对意见时会感到挫败和不耐烦。当人们开始用感受来"思考"（失去冷静），并越来越多地诉诸粗暴的手段，如吼叫、威胁、给他人贴负面标签时，这实际上就是在进行人身攻击了。这时，冲动就会占据上风，脾气就会发作。

"多么愚蠢的想法！你太无知了，简直不可理喻！"

就这样，冲突双方的情绪会被攻击性语言进一步激化，说话的声音也会越来越大。处于冲突中的人会大喊大叫，想以此迫使对方听到自己的话并按自己的方式行事，以此来减轻自己的挫败感。然而，大喊大叫通常并不能达到上述目的，不过这种让情绪失控风险大增的方式确实会加强互动。有时候，吼叫可能是一种情绪勒索的工具，就像通过发脾气让别人顺从一样。这个时候，他们不会合理地声明自己想要什么或不想要什么，而是使用强烈的情绪表达，例如发狂或者伤心，用这种方式操控对方，逼着对方以隐忍、让步、放弃或屈服的方式来安抚自己。

"意见不一的时候，我宁愿向父母让步，也不愿得罪他们。他们会在我面前闷闷不乐，我真受不了！"正因为如此，情绪勒索会抑制父母和青少年之间真诚的言语交流。相反的情形也很常见，在面对一个深谙如何用郁郁寡欢来让父母屈服的孩子，父母往往不能坚持自己的反对立场。"我们受不了让她失望，她也清楚这一点。"

一般来说，如果亲子双方中有任何一方情绪不佳时，最好不要争吵。

因为此时可能大家都不能理性地思考。在继续讨论之前，最好先休息一下，让自己冷静下来。在家庭冲突中，最好让理性的判断而不是情绪来主导。

在冲突中，情绪被激发的人往往口不择言，用词会不那么具体和恰当，可能更具批判性而非客观性，会显得更为极端和抽象。所以，有的父母在厌烦了孩子又一次没有收拾碗碟的时候，会用攻击孩子性格的方式来处理这个问题，"你真是又懒又不体贴！"感觉受到侮辱的少年则反唇相讥："那你呢，你除了责备和抱怨还会干什么！"这个时候，一件鸡毛蒜皮的小事就成功地激发了他们巨大的情绪反应。相反，假设父母能够坚持具体情况具体分析，把谈话的重点放在"把脏盘子收拾起来，洗干净，放好"这样具体的要求上，情况会怎样呢？虽然在冲突中确实很容易心烦意乱、情绪失控，但一定要努力保持冷静。

在与青少年发生冲突时，父母必须以身作则，用希望孩子对待他们的方式来对待孩子。这样一来，青少年就可以模仿父母的冷静，以更慎重、得体的方式说话。通过这种方式，冲突双方就可能产生相似的行为表现。如果青少年开始在争辩中使用伤人的语言，父母就需要宣布暂停："我们暂不讨论分歧了，还是先来讨论如何安全礼貌地沟通。我不会出口伤人，也希望你不要恶语相向。你使用这样的语言让我感觉很受伤。我希望我们能够就不同的观点展开辩论，前提是不要让任何一方受到伤害。让我们分开十分钟，等情绪平静下来，在头脑足够冷静的时候再重新开始吧。"

在处理父母和青少年之间的冲突时，当务之急并不是解决分歧。这是次要的。首要的任务是把冲突保持在安全范围内，双方都要监控自己的情绪，并为自己的情绪激动负责。如果需要的话，花一点时间来恢复对情绪合理的控制，另找时间重新处理分歧。我们在冲突中采取何种表现会形成一定的模式，青少年通常不懂这一点，但父母必须明白。所以，有的大学生会有这样的反思，"从前和父母发生争执的时候，我习惯了用喊打喊杀的方式来达到目的，现在我对情侣也是这样。"这样做会产生一个可悲的后果：父母会为了爱而容忍这种恶行，而情侣可能就不吃这一套，会选择干脆地退出这段关系。"谁受得了这个！"别忘了，棍棒可伤筋骨，恶语更伤人心。

家庭生活就是一门宏大的课程，传授的东西具有持续的重要影响：如何合作、如何沟通、如何应对变化、如何处理冲突。青少年生活中最重要的老师就是父母。他们做出的榜样、与孩子的互动和提供的指导都具有教育意义。所以冲突并不是父母和青少年之间"进行"的事，而是父母要和青少年一起"解决"的事。这是一种示范性表演，青少年一直在观摩学习。

在大多数付出真心的关系中，包括父母和青少年之间的关系，需要通过沟通、宽容和调整来解决的分歧比通过对抗和协商解决的要多。只有在双方互不相让的情况下，分歧才会转化为冲突。

冲突总是合作完成的。它需要双方联手。制造冲突需要两个人，而停止冲突只需要一个人。如果父母想阻止青少年的争吵，想叫停这种言语交流，就不该以和孩子争吵的方式来停止争吵。这相当于一边要求孩子停止某种行为，一边又在亲身示范这种行为，这不是鼓励孩子有样学样吗？其实，解决的办法很简单，就是停止反驳。对于那些总想最后拍板的父母来说，这个解决方案似乎完全行不通。然而，当他们厌倦了持续的言语冲突，并且已经陈述了自己对问题的所有看法后，停止配合通常是最好的选择。

"我不想再多说了，因为我决心已定。不过你可以一吐为快，我听着。"如果父母拒绝"还手"，青少年当然不可能再继续"追击"。

除了与父母的冲突，青少年与手足之间的冲突也越来越多，可能是为了争夺某样东西，或者是因为谁说了算的问题。在年龄相近的手足间发生的冲突通常集中在青春期。兄弟姐妹之间的冲突可能从争吵一路升级到打斗，这种冲突有很多作用，它可以让分歧得到讨论，可以测试彼此的力量，还可以宣泄情绪、加深感情、摆脱因无事可做而导致的无聊。无论出于何种动机，父母都需要说明安全规则。"只要你们吵架了，我就认定你们都有责任，因为这是你们共同造成的，但是，我会根据你们在争吵中的表现进行分别处理。如果有人做出了伤害另一个人的行为，不管是谁，主动的那一方就得跟我把问题都交代清楚。"父母必须心甘情愿地承担起监督和管理手足冲突的责任，这样才不会让冲突失控。无论冲突是一个孩子欺负或伤害了另一个，还是两个孩子都不讲规矩、肆意胡为。

容忍冲突

孩子的青春期到来时，父母之间的冲突可能也会增加，什么时候该给孩子立规矩，怎么立？什么时候该反对孩子的行为，怎么反对？谁来盯着孩子完成任务或遵守承诺？

从我在咨询中观察到的情况来看，与一心想避免冲突或停止冲突的父亲相比，母亲更容易接受与青春期的孩子发生冲突。因此，母亲可能会对处于青春期的女儿采取强硬态度，而父亲则往往置身事外，甚至会抱怨家里的女人们太不消停。

"你为什么总有这么多要和女儿吵的？"父亲问。

"因为她现在需要从我这里得到这样的关注，"母亲回答。

"她想和我保持距离，所以不得不推开我，但同时又担心如果她推得太用力，会把我对她的爱也推开了。但我坚持始终待在她身边，所以，即使关系再紧张，她也知道我在那里，我对她的关心不会少。冲突并没有使我们疏远，反而会让我们更亲密。"

那么，为什么似乎有更多母亲比父亲更愿意与青春期的孩子发生冲突呢？我认为，这种差异的原因可能根植于他们在成长中各自与同性别、同龄群体交往的方式。女孩群体可能会重视亲密关系中的彼此信任，注重建立与维系关系的技巧，因此，冲突可能被视为一种有助于更好理解人际差异的沟通行为。男孩群体可能强调的是对地位的争夺，注重的是竞争技能,因此,冲突可能被视为一种捍卫或主张社会支配地位的竞争。总的来说,我认为在处理与青少年的冲突时,"女性"模式比"男性"模式更有效。当与青少年发生冲突时,父母最好把他们视为沟通对象而不是吵架对手,最好把与青少年之间合理的冲突正常化,并真正理解这种冲突的价值。父母应该把冲突视为处理人际关系时面临的一种挑战,而不是一种力量对决,并教导青少年也这样做。我在 2007 年写了一本名为《亲密父亲》(The Connected Father)的书,探讨的就是在养育青春期孩子时,父亲为什么往往比母亲更觉得辛苦,特别是在发生冲突的时候。

在应对冲突时,"争夺支配地位"的方法可能会导致权力斗争,这绝不是一个好主意,因为它们会诱使父母"不惜一切代价取得胜利",这样可能会破坏亲子关系。这种情况下"败北"的青少年可能会产生怨恨情绪,并坚定了要在下一次冲突中获胜的决心。

父母宣称:"我来告诉你谁是老大!"

而青少年心里想的则是:下一次,我会让你好好见识见识!

当父母与青少年就谁占主导地位展开力量对决时,成年人在不知不觉中陷入了"拉锯战"。在与比自己更强的成年人的交锋中,即使输了,青少年也会变得更强,而从长远来看,成年人只会越来越弱,因为每一次冲突都会让青少年变得更强大。为了青少年的利益,父母可以采取某种立场并坚守该立场。"我不同意也是为你着想。你可以不赞成我的做法,但你要知道,我反对你,不是针对你,而是为了让你更好。我是站在你这边的。我也不愿意否定你的想法,不愿意让你碰壁。虽然我不会轻易改变主意,但愿意听听你的想法,也会告诉你为什么我不能通融,因为有的情况没法通融。在可以通融的时候,我还是会通融的。在你需要倾诉的时候,不管你说什么,我都会用心倾听。"

最后一部分很重要,因为和一个不能畅所欲言的孩子比起来,一个得到充分倾听的孩子更有可能勉强接受父母的立场——尽管这个立场他不怎么喜欢。

第7章

不愿做家务和不愿学习

"我有比功课更重要的事情要做,差不多就得了!"

从很多方面来看,把"青少年"和"劳动"两个词放在一起时,似乎不像把"儿童"和"劳动"放在一起那样和谐。也就是说,青少年对干活并不像儿童那么热衷。要看到这种态度上的转变,父母只需看看教室里的情况就知道了。这可能会帮助他们认识到,这种态度改变与其说是由于父母的教养不当,不如说是由于青春期早期变化的影响。

例如,当幼儿园老师问孩子们谁想参加本周的"教室清洁委员会",在周五放学后花15分钟帮忙扫地、整理架子以及清理动物笼子以备下周活动时,几乎所有人都会拼命地挥着小手,恳切地喊"我!我!我!"。对5岁的孩子来说,这是一份地位很高的工作,几乎每个人都想被选上。值勤的机会被视为一种特权的体现,是一个能参与成人活动并得到成人认可的机会,让孩子感觉自己是个小大人了。

然而,如果向一个七年级的班级寻求类似的帮助,老师们可能就会发现,孩子们的自愿精神少多了。哪个有自尊心的中学生愿意在放学后、周末前去做值日，更何况还冒着被认为是"老师的红人儿"的风险呢？对此时的青少年来说，承担更多班级劳动不是该争取的机会，而是额外的苦差事。孩子们眼中的"劳动"在性质上发生了变化。

那么，什么是"劳动"，问题又出在哪里呢？为了便于讨论，我们可以将"劳动"视为用意志激发努力去完成某些任务的过程。当劳动是出于乐趣时，我们称之为"游戏"。但当劳动变得费劲、不能自由选择、不能给人带来乐趣时，它就会变成苦差事。这就是劳动道德和自律精神发挥作用的时候了。在很大程度上，这两种自我管理技能必须通过实践才能获得，而成年人的实践时间肯定比青少年更多。在青春期早期，在涉及"劳动"这一概念时，通常会出现两个问题：不愿做家务和不愿学习。

不愿做家务

大多数父母发现，为了生活，为了养家糊口，人类需要进行无休止的劳动，他们也已经接受了人生艰难这一事实。所以，当他们看到，青春期早期（大约9～13岁）的孩子和童年时期比起来越来越不愿意帮忙做家务时，往往会感到沮丧。他们自然想知道，到底发生了什么，让那个乐于干活的小帮手变了？他们一厢情愿地怀念着那个对父母分配的家务活充满热情的孩子，那个惊喜地问"我也可以做吗"的小宝贝。

但是，在更以自我为中心的青少年眼里，这种对儿童来说能满足自尊心的邀请可能是一种令人恼火的强迫，因为他们现在正忙于自己的事情。"我忙着呢！"

在看到热衷帮父母干活的小小孩童时，父母以为等到孩子身体更壮、年纪更大、能力更强的时候，应该能帮上更多的忙，却没想到他们变成了这个样子：要不就是忙着干别的，要不就是太累了、心情不佳或者完全不想费力气，至少如果父母不格外努力地加以劝导，他们是不想动的。在青少年不乐意干活的时候，即使父母明确告知需要帮助，他们也会对父母的要求提出质疑："为什么我必须这样做？"紧随其后的往往就是一场争论，也有可能祭出拖延大法"我过会儿再做"，希望一拖再拖就能让这个不愉快的任务过去。

这个时候，父母通常会犯以下三种常见错误。

- 他们忘记了自己的要求是什么。
- 他们厌烦了反复提要求，干脆放弃了事。
- 他们放弃让孩子去干的想法，自己去做。

这三种做法大错特错，青少年从中失去的，是感受作为一名家庭成员用实际行动为这个家做出贡献、提供支持的机会。"你是家庭成员之一，在家里有活要干的时候，希望你能搭把手。"父母必须传达的信息是，一个家庭的日常运转需要大家共同分担、出力，每个人都应该自觉主动地为家庭创造一些价值。如果什么都不干却还能得到好处，就会导致青少年产生一种不健康的权利意识。"你应该为我做任何事，但我不需要为你做什么。"这种不公平的要求和不合作的态度常常让父母感到愤怒并为此责怪青少年，然而正是父母的纵容造成了这种不公平。

关于青春期早期这种对家务的厌恶心态，我最喜欢引用多年前一位家长在一次公开演讲中的描述，她是这样形容越来越不愿意做家务的上中学的女儿的："她对干活过敏，提起来就会抓狂。"

青少年对"家务"的定义可能会让他们完全没有干活的动力。

"家务就是大人让你做的任何你不想做或不应该做的事情，或者至少不是马上要做的事情。"

家务要求是成年人权威的象征，因此，为了体现自己的独立自主，青少年常常觉得他们应该抵制来自成年掌权者的要求。在认同了上述关于家务的定义后，青少年可能会形成一种"反职业道德"：做事量力而行，时间自己掂量，能少干就少干，能摸鱼就摸鱼。

有位家长这样抱怨道："我一直在说，要是马上着手去做，她可以在15分钟内完成全部工作，但她就是不听，非要跟我争辩，结果不仅推迟了完成工作的时间，还没能一步到位，结果不得不重做。最后，在我心急火燎的催促下，她花了3个小时才完成本来15分钟就能完成的工作，弄得大家都很疲惫。她就是喜欢慢慢磨，浪费自己的时间！"不过，我并不赞同这种说法："不，她是坚持要浪费你的时间，不断把你想要的结果推迟。"这正是问题的关键。你只能在她同意的时间得到你想要的结果。这是青春期早期常见的妥协。

所以，如果青春期早期的孩子因发展方面的原因不再愿意帮父母做家务了，父母是不是应该退一步，节省点精力，由他们去呢？答案绝对是否定的，无论是为了现在还是以后，都不应听之任之。

负责任的父母应实行铁面无私的监督，落实孩子在家务和家庭作业方面的完成情况，这样的话，通过实践，青少年就能养成踏实的做事习惯或职业道德。他们必须学会克服自己的抗拒心理，完成那些自己不太想做的事情。

父母希望到高中结束时，青少年已经放弃了对家务的抵制态度，能够及时有效地完成。如果没能做到这一点，这种在发展中习得的抗拒就会以拖延的形式在以后的岁月中让他们付出代价。

在第一种拖延中，青少年总是会等到最后一分钟，才在危机感的鞭策下采取应急措施。在第二种拖延中，青少年会因拖得太久而没时间完成任务。尤其是在刚进大学时，上述两种拖延（以各种各样的娱乐活动、逃避、借口、不算数的决心以及虚假承诺来推迟学习任务）是新生学业失败、因挂科而退学的发生率居高不下的原因（据《大学留校率杂志》统计，平均约50%）。此时已是青春期的尾声，这个阶段的青少年抗拒的不再是来自父母的做事要求，而是他们自己，"我没法让自己按时完成任务，有时甚至根本无法开始！"

那么，说到做家务，父母到底希望青少年能从中学到些什么呢？以下是一些想法。

- 能够通过做事得到你想要的并取得成功。
- 当你不想做但需要做的时候，能够勉力去做。
- 能够与他人合作并为他人做事。
- 能够及时完成任务。
- 能够努力完成你愿意做的事情。
- 能够努力去做那些对你而言很重要的事情。
- 能够养成良好的做事习惯。
- 能够找到你喜欢做的事情。

对许多刚步入青春期的孩子来说，做家务是一种需要后天培养的习惯。父母应该帮助并鼓励孩子去养成这种习惯。对一些父母来说，如何鼓励孩子就成了问题，是否应该用金钱来鼓励孩子呢？例如，对青少年不愿做家务的情况，父母应该利用金钱（额外给零花钱或者扣除一些零花钱）来诱使孩子完成吗？

这种支付报酬的做法的一个基本原理是教育孩子通过劳动赚钱。"这是世界通用的法则，"一些父母会给出这样的解释，"这就是为什么我们需要工作，为什么要让你做家务，目的就是让你习惯用自己的劳动去赚钱。"这些父母把做家务当作赚钱的途径教给孩子。

有些父母可能看到了用付费方式让孩子帮忙做家务的负面影响，因为这和要求孩子对家庭做贡献的家庭教育理念不符，每个家庭成员都应该自愿出力以维护共同的利益。对家庭的付出能让人产生一种归属感，因为每个人都发挥了自己的作用，都付出了宝贵的劳动来让这个家运转良好。父母可以这样向孩子解释："生活中大家互相帮助，这样基本的生活问题就解决了。虽然得不到报酬，但大家都得到了好处。不管你喜不喜欢，维持生活需要劳动，维持这个家的日常运转也需要劳动，所以你得做你该做的那一部分。"

不愿学习

在青春期早期，孩子们在学习上可能开始遇到大敌。有很多青少年可能会在学业上一落千丈，因为学习不够努力而导致分数下降。父母要理解为什么会发生这种情况，以及该怎么应对。

青春期早期的孩子可能会视学习如仇寇。因为不再满足于只被定义为一个"孩子"，一些对独立和个性有了更多主张的青少年可能会以牺牲自己的成绩为代价，叛逆地抵制正规教育的要求。这种自我挫败行为背后的支撑力量可能是一种反文化、反权威的态度，这种态度反映在以下几种信念中：

"问问题是愚蠢行为。"

"装傻才是聪明之举。"

"傻子才努力干活。"

"什么都不在乎，才是真酷。"

"表现得恶劣点也没毛病。"

"对抗体制是正义之举。"

"勉强过得去就行了。"

进入青春期，对事物的优先级排序就改变了。儿童在学校里可能会把学习成绩排在第一位，同龄人接受度排在第二位，个人形象排在第三位；而在青春期早期，这种优先级排序可能完全颠倒过来。青少年此时会把个人形象放在第一位，同龄人接受度因为与个人形象密切相关，所以排在第二位，这么一来，学习成绩就远远落在了第三位。面对这种动机上的变化，父母可能会有一种猝不及防之感，为什么童年时有责任心、为自己的良好表现自豪的孩子，会变成如今这个对自己的糟糕表现满不在乎的冷漠少年？努力学习曾经是最重要的，但青少年的当务之急是融入朋友圈、成为社交达人，以及泡在网上玩游戏、交朋友。

在大多数情况下，成绩下降并不意味着青少年真的不在乎学习，这只是意味着他们不想好好做功课，比如课堂作业、家庭作业、报告、项目、论文，也不想好好准备考试。

所以，正是在这个时候，父母发现孩子表现出许多自甘堕落的行为。最常见的有：

- 不把完成家庭作业所需的书本带回家。
- "忘记"家庭作业或在做作业方面撒谎。
- 不交已经完成的作业。
- 不完成课堂作业。
- 上课不专心或捣乱。

所有这些行为都会导致青春期早期的孩子成绩下降。不过，只要父母愿意为了孩子采取措施，不纵容孩子胡闹，它们就很容易得到纠正。

在处理这些行为时，有两种方法千万不要采用：一是父母在孩子面前表现得情绪低落；二是用奖励或惩罚来鼓励孩子做出不同选择。虽然这两种方法都适用于那些希望取悦父母且重视物质激励的孩子，但对于那些经常得不到父母认可，对父母操控资源、迫其就范的表现心怀不满的青少年来说，它们往往适得其反。

分数太重要了，重要到父母不该表现出因它而产生的情绪低落。成长是一个不断积蓄力量的过程，有了足够的力量才能从依赖走向独立。父母的职责是帮助青少年以恰当的方式获得这样的力量。父母不应放任孩子以分数来要挟自己，因为这样会把问题的焦点从学习转向别处，还让孩子获得了足以影响父母感受的力量。"我真的可以用成绩下降这一招来吓唬我的父母。"当父母对孩子的成绩表现出不满时，他们往往会把孩子的学习问题转化为与孩子之间的情绪冲突，导致他们的注意焦点也随之转移，不能有效解决孩子的学习问题。

分数太重要了，重要到父母不该把它用作奖励或惩罚青少年的手段。父母常常错误地认为，因取得好成绩而给青少年一些巨大的回报是一种对孩子的奖励，但事实并非如此。大多数青少年会视其为令他们憎恨的威胁。

"如果你说我得了'A'给我 5 美元，意思就是我要是得不到'A'，就别想得到那 5 美元！"

至于在"分数提高之前"剥夺一些资源或自由，青少年通常不会配合，反而会招致更多的抵制。

"随便你，拿走什么都行，反正别想逼着我学习！"

然后，孩子的成绩会断崖式下滑，以此向父母证明他们的策略注定是要失败的。当父母因成绩而奖励或惩罚孩子时，他们往往会把一个学习问题变成与孩子之间的权力斗争。

那么，父母应该怎么做呢？只是袖手旁观，看着孩子因不好好学习而成绩惨淡？有时候，这确实是一些中学老师给家长的建议。

"不要过分保护。让孩子去经历失败，他们才能从后果中学会承担责任。"

然而，在很多情况下，这是一个糟糕的建议。除非青春期的孩子异常成熟，并设法成功地跳出了这种恶性循环，否则他们只会学着去适应失败或降低后的标准，并认为这样的调整是可以接受的，而事实并非如此。他们可能会说："这是我能达到的最佳状态了！"在最糟糕的情况下，那些已经听天由命的父母会降低他们的期望值，回答说："好吧，我们唯一的要求就是你至少得及格吧！"

对一个有能力的青少年说出这样的话，是一件多么可怕的事情！对于本应敦促青春期早期的孩子努力展示学习能力的父母来说，这是对自身责任多么严重的背叛！"唉，可是我们怎么知道他的学习能力如何呢？"父母们会这样问。

答案是，为孩子找出一个学业水平上的基线。比如，可以看看他在四五年级时的表现如何，那时他在学校能完成所有功课，在家能完成所有作业。这个时候，不要与青少年说什么"发挥你的最佳水平""尽你最大的努力"或"表现出你的潜力"。这些只是抽象的概念，况且，又有多少人实现了这样的理想状态呢？你要做的，是把以往的纪录具体地摆出来。"在五年级的秋季学期，你完成了所有的作业，综合成绩达到了 A 和 B。这就是我们要求的最低标准。如果你因为任何原因低于这个标准，我们就会监督你，帮助你，让你保持在这个水准。你的成绩单很重要。"为什么很重要？

因为成绩单就像一面镜子，可以反映出青少年对自身能力的充分认识。但如果青春期早期成绩下降的现象出现了，父母该怎么办呢？如果父母的悲伤、奖励和惩罚对处于这个节骨眼上的孩子通通不起作用，那父母做什么才管用呢？

答案是监督他们。记住，青春期早期的少年和儿童不一样了，他们不希望父母出现在学校这个世界里。在这个时候，社会独立意味着让父母尽可能远离自己的同龄人。在父母的陪同下出现在校园里会让青少年感到众目睽睽之下的难堪，因为他们本应自己搞定在学校的事，无须父母干涉。对此，父母可以回答："只要你能管好自己，我们完全没有兴趣来干涉你在学校的事。但是，你得知道，如果你不完成作业，在课堂上行为不当，我们就会监管你在学校的表现，帮助你表现得好一点。"下面列出的几条建议中，最重要的词是"一起"。

所以，如果做家庭作业所需的资料没有带回家，父母可以这样说："既然你老是记不住把完成作业要用的书本带回家，那等你放学后，我们一起去挨个问老师，看需要哪些东西，保证一样不落地带回家。"

如果孩子说没有家庭作业，而事实证明有，父母可以这样说："既然你连有没有作业都搞不清楚，那我们就一起去问问老师。让你当着老师的面讲清楚，为什么明明有作业，你却说没有，你是怎么把老师的意思搞错了的，以后该怎么做我们才能知道到底有没有留作业。这个周末，不管你想干什么，都要先把作业补齐，就算补交作业得零分，你也要补。"

如果青少年做了作业，但选择不上交，父母可以这样说："既然你连交作业这样的小事都做不好，那我就和你一起去学校，我们一起把作业交到各科老师手里，这样就可以保证所有作业都交齐了。"

如果青少年在课堂上交头接耳或捣乱，父母可以这样说："虽然我并不想这么干，但我可以从工作中抽出一些时间，和你一起坐在教室里，督促你专心听讲。"

通常，青春期早期的孩子不喜欢这些建议中的任何一条，他们会认为这是非常无礼的侵犯，为免受这种不自在之苦，他们宁可改正那些自我挫败的行为。不过，在上述情况中，父母真正要表达的是，如果孩子不自己改正，他们就会监督其改正，因为他们知道，在学校的表现反映了青少年的实际能力，它们从根本上影响着青少年的自我感觉，不管是现在还是将来。当父母自告奋勇地提出去现场监督时，并不是存心和青少年作对，让他们不痛快，而是为他们着想，为了维护他们现在和将来的利益。我认为，父母不应对孩子的学习撒手不管，把主动权完全交给对学习缺乏兴趣、对功课的重要性不以为然的青少年，这样做最终会导致孩子成绩下降或学业失败，留下不合格的成绩记录，影响其学术成就和将来的发展。

到初中结束的时候，父母最好能帮助孩子完成下列目标：能做到完全的自我管理；能在没有父母的帮助或监督下按时完成所有功课和作业。

第三部分

青春期中期出现的问题（13～15岁）

建立朋友圈

青春期中期以两种强有力的方式向青少年发起了挑战。

首先，也是最重要的是，大多数青少年都明白，青春期不是一段独行的旅程。在这段重新定义自我的旅程中，会遇到很多同样努力想让自己与众不同的同龄人，他们的陪伴和支持非常重要。然而，因为每个人都在努力融入群体，所以群体成员会带来一定程度的社会不安全感。

其次，大多数青少年此时正处于发育期，也就是性成熟阶段，身体会以他们意想不到的、无法控制的、往往也不喜欢的方式发生变化，这也涉及一个人对性别认同和社会角色的态度：如何使自己的外表和行为更女性化或更男性化。将自己与同龄人和媒体上那些理想化人物相比较时，他们就会对自己百般挑剔，让自己陷入痛苦中。

在这个以自我为中心的成长阶段，父母经常发现他们的孩子比以前更不体贴了，也更难以相处了。

第 8 章

青春与脆弱

"我不喜欢身体的变化和变化带给我的感觉!"

青春期身体、情绪和荷尔蒙的变化会给青少年带来更多的不适。"她变得太注重自己的外表了,似乎形象就是一切,而且动不动就发脾气,对别人的评价非常敏感!"发育期对孩子是一个挑战,对父母来说也是一个挑战。下面就让我们来看看青少年必须应对的四个脆弱领域:不断改变的外貌、增强的自我意识、极易紧张的情绪、对尴尬情境的敏感。

不断改变的外貌

发育是件大事。发育期通常从青春期早期开始,直到青春期中期(9～15岁),持续1～3年的时间,在性成熟时达到顶峰,此时女性有了排卵能力,男性有了生产精子的能力。这一激素变化过程也会导致外貌的改变。例如,出现生长井喷期,此时的青少年不得不去驾驭一个更庞大、看起来更成熟的身体。女孩的臀部变宽,胸部隆起,月经开始;男孩的肌肉扩张，声调变低，开始遗精。性器官周围的毛发增多，身体气味变重，皮肤腺体变得更活跃，可能导致皮肤不再光洁。具体可参见我写的《挺过孩子的青春期》（*Surviving Your Child's Adolescence*）一书。

让青少年感到焦灼的是，此时的身体变化完全不受他们的控制。他们担心日益成熟的身体最后会变成什么样子；他们越来越关注身体上的隐私；他们把更多的时间用于审视自身和进行社交准备；同龄人越来越关注彼此外貌的好坏（赞赏好的，取笑不好的）。在童年时代，他们大多是和同性朋友一起玩，所以现在与异性交往时颇为尴尬。随着越来越多的女孩开始阅读爱情小说，越来越多的男孩开始涉猎色情作品，对两性关系的幻想和性意识正在觉醒。对于"女性气质"或"男性气质"的性别定义，以及如何表达这些定义，青少年都颇为关注。此时，一些关于个人性别的早期问题出现了。青少年越来越在意自己的外貌，因为外貌会影响一个人的身份认同、别人对待他的方式、他对社会的适应程度以及他的社会归属。

青春期是一个心理、社会性都发生变化的时期，它使一个人从无知幼童成长为一个独立的、有身份的青少年；而发育期指的是导致性成熟的生物化学变化和生理变化。青春期的变化往往在发育期之前就开始了，但是，当青春期与发育期恰好同时开始时，青春期的过程就会变得更加激烈。

儿童相对不那么注重个人的外表，但到了青春期和发育期，青少年首先关注的就是外表。如何让自己看起来处于最佳状态可是当务之急。媒体和广告市场推出一个个偶像和模特，它们似乎以理想化的形式为这个阶段的青少年提供了一个令人信服的答案：青春的女性气质和男子气概是什么样的、如何才具有性吸引力以及什么是美丽。这个答案使得很多青少年自惭形秽，觉得自己不达标，产生了非常不好的后果。

但理想与现实往往是脱节的，所以，很少有青少年能达到这些理想化的男女外形标准，无论是女性标准中的体操运动员或时装模特，还是男性标准中的健美先生或运动员。因此，将自己与这些理想形象比较之后，青少年多半会觉得自己的身材糟透了。不过，对自己的外貌不满意并不意味着他们没有做出改变的努力。在极端情况下，女孩可能会通过节食、服用泻药来逼着自己瘦下来，而男孩可能会服用保健品、健身，让自己增加肌肉，变得更强壮。

这是一个对身体形象有很多扭曲想法的时期，认为女孩怎么苗条都不为过，男孩肌肉再多都不够。如果穿错了衣服去学校，青少年可能会抱怨，"我今天身材糟透了！"问题是，相对而言，一个人的外表是永远不可能完美的。对于青少年因身材而产生的苦恼，媒体难辞其咎，正是它们大肆宣扬那些年轻偶像、娱乐名人的模特身材，使得以身材为标准来衡量个人价值的狭隘思想大行其道。为了与媒体传播的这些信息抗衡，父母可以反复提醒孩子："别向时装模特看齐，那些流行的理想身材标准是扭曲的，这世上什么样的身材都有。现实就是千人千样，各有好处。你关注自己的形象外貌没有问题，但千万不要以貌取人。"

这个年纪的青少年常常把这些话当作耳旁风，但我们不能因此就停止向他们灌输这些观点。此外，父母要密切关注孩子对身材形象的挑剔，还要注意观察他们是否会以某些不良方式情绪化地对待食物，一些极端的做法包括流行的节食方法、暴饮暴食、催吐或挨饿等。

为了在朋友中显得合群、不落伍，时尚的穿着变得越来越重要。所以，当青少年抱怨他们没有衣服穿，父母却抱怨衣橱里满是合身的衣服时，成年人不理解的是，"合身"并不是一个与身材有关的问题，而是一个与时髦挂钩的问题。"如果我穿着那套衣服去学校，会被人笑死。去年就是这样！"再举一个例子，很多青少年都钟爱蓝色牛仔裤，就好像他们只有这一条裤子似的。"你把它洗了是什么意思？现在我没有裤子穿了！"但当父母建议孩子穿其他裤子时，孩子会断然拒绝。"这是我唯一穿起来好看的一条裤子！"对青少年来说，能让自己感到安全、舒适、有型的打扮太重要了。

增强的自我意识

发育期的到来让青少年对身体的自我评估更严苛了。每天早上醒来后，他们要鼓起勇气才能面对镜子里的自己，看看头一天晚上又有什么悲剧降临到自己身上了。

"这颗新的青春痘是从哪冒出来的？"

"我看起来是比昨天胖了吗？"

而现在他们必须顶着这副尊容去学校，让全世界都看到！或许是昨天晚上，在百无聊赖中或不顾一切的冲动下，少年拿剪刀把头发打理了一下，虽然新发型在10个小时前看起来很不错，但在新的一天里，它简直让人感到恐怖。"我不能这个样子去上学！"

很多社会期望及相应的对待方式是建立在个体外表的成熟度上的，这就会产生一定的问题。如果一个人的真实年龄是14岁，而看上去像12岁，那么看起来较实际年龄小的结果可能就是被怠慢或被呼来喝去。如果一个人的真实年龄是14岁，而看上去像16岁，那么看起来比实际年龄大得多就面对要表现出相应成熟度的压力。对于一个看起来很成熟的青少年来说，当那些更年长的同伴邀请他们去做一些符合外表年龄的事情时，恐怕很难拒绝。

同龄人和成年人可以根据你的外表来判断你知道什么、想要什么、经历过什么。因此，当你开始看起来性成熟时，就会面临着表现出性成熟的社会期望。这个时候，你会很快得到不该有的名声。所以，一个肌肉发达、身材高大、胡须稀疏的八年级男生，在一些父母的眼里会成为性威胁，他们警告自己的女儿远离这个孩子。这个男生的父母无奈地说："他只是一个长成了青年模样的中学生，他们却把他当作性侵嫌犯对待！"

那么，父母能做些什么呢？为了抵消发育期的不良影响，打消孩子对个人外表的疑虑，父母可以考虑做以下几件事。

- 解释随着发育期到来的常见生理变化，这样青少年就知道正常情况下会发生哪些变化。
- 尊重青少年对外表的越发重视，尊重他们在与人交往时对外表的在意。
- 理解青少年的时尚造型及其意义。
- 给青少年足够的隐私权，给他们足够的时间来适应不断变化的身体并做好面对他人眼光的准备。
- 从不取笑孩子的长相，因为长相不适宜开玩笑。
- 绝对不能批评孩子的外貌，因为那有损自尊。
- 忍受孩子不同的打扮，因为这是他们尝试个性化表达的一部分。
- 注意孩子使用产品来改善个人形象的行为（比如服用保健品来增加肌肉或使用泻药来减肥），因为可能有害。
- 培养孩子与外表无关的个人价值观，打造其他的自尊支柱——通常是更健康的。
- 驳斥那些基于外貌的残酷的自我贬低，因为这种贬低是一种自我虐待。
- 鼓励孩子接受身材上的不完美，因为那些理想化的标准并不现实。
- 分享自己在成长过程中遇到的个人形象问题，这样青少年就会知道父母也曾有过挣扎。
- 帮助青少年理解将个人价值等同于外表的想法有多危险，并解释当外表被赋予过多的重要性时，自尊往往会变得更加脆弱。
- 帮助青少年重视自己的同伴、兴趣、休闲活动、未来目标及人际关系，全方位、多角度地努力提升自己。
- 帮助青少年养成健康的、没有自我伤害可能的饮食习惯。

- 解释为什么发育期会激发更多关于如何表现女人味和男人味的幻想。

这是一个挑战。发育期不仅改变了青少年的外貌，也放大了外表在青少年眼中的重要性。此外，青少年还要应对情绪强度加大的问题。

情绪强度上升

青春期往往比童年期更能激发强烈的情绪。随着发育期的到来和其他青春期变化的出现，强烈的情绪表现，如由怏怏不乐或突然失控传达出的心烦意乱，往往会变得更加普遍。"我们家孩子总是会突然发怒，有时候又情绪低落。他现在的情绪真是捉摸不定！"

对于这种情绪强度增加、心境不稳的现象，在接受"双相"这一解释之前，尤其是在借助于一些精神类药物来缓和之前，一定要先尝试某种形式的心理咨询，或者至少是与药物治疗（不管是什么药）相结合。药物治疗的影响是暂时的，但从自我认识和自我情绪管理中所得到的收获可以产生持久的效果和价值。

在青春期阶段，随着发育期的到来，往往会有一段更为情绪化的时期，所以青春期的一个重要成长任务就是学会自我管理强烈的情绪。下面我们来看看，父母可以通过哪些简单的方法来传授这些技能。首先，利用感受－想法－行为三者之间的联系来帮助孩子摆脱不愉快的情绪；其次，从情绪化的过度反应中吸取教训。

被痛苦情绪牢牢控制时，青少年会陷入不愉快的心境中。有时候，父母共情的倾听所提供的情感支持足以缓解这种不愉快。然而，如果青少年对此感到不适或者不予回应时，父母可以提出建议："要改变你的感受，可以先尝试改变你的想法或行为。"

由于感受通常伴随着相关的想法和行为，父母可以建议孩子好好利用这些关系，做出一些可能带来改变的选择。有时候，只需改变想法或行为，就能改变感受。

因此，父母可以这样问："在你感觉更快乐时，你会对你的生活有些什么样的想法呢？"当青少年描述他们对一些积极事物的期待时，父母可以趁机建议他们去尝试一下。因此，在谈到当前的行为时，父母可以这样问："在你感觉更快乐时，你会选择怎么做呢？"当青少年描述一些积极的活动，比如锻炼和社交时，父母可以鼓励他们去进行尝试。

有时候，青少年会因做过或没做过的事而责备自己，让痛苦的体验变得更糟，从而引发恶劣心境。所以，一个没能进入中学篮球队的少年会称自己是"废物"。一个七年级的女孩会给自己贴上"没人要"的标签，因为她的暗恋对象把她的感情当成了一个大笑话，其他男生也跟着嘲笑她。在上述两种情况中，在不愉快事件中加入惩罚性的自我批评会将糟糕的体验放大，最终变成泛化的恶劣心境。父母应该帮助孩子避免用消极的自我对话来使情况变得更糟。"在你沮丧的时候，自我打击只会让你更难重新站起来。情绪低落的时候，对自己温柔一点，不要太苛刻。从现在开始，尽量善待自己。"

有时候，对某种基本需求的否认会引发青少年不愉快的心境。例如，一心想通过同伴满足某种注定满足不了的社交需求，求而不得让他们无比沮丧，却没想过怎样让自己变得更好。所以，父母可以鼓励青少年保持充足的睡眠、培养个人兴趣、锻炼身体、努力表现得更好、有规律地适度进食或者参加课外活动，这些都可以帮助他们在坏情绪面前变得不那么敏感和脆弱。

如果你的孩子已经尽最大努力去对抗不愉快（通过分享感受、改变想法或尝试不同行为），但糟糕的情绪依然没有改善，反而随着的时间推移顽固滞留甚至恶化，那就要小心了。长期焦虑、愤怒或意志消沉这样的变化表明，寻求心理咨询师的帮助是明智的选择，因为情绪管理的一个关键部分就是监控什么时候暂时性的不愉快会变成明显、持续的痛苦。再次提醒，在借助心境控制的药物之前，先尝试心理咨询。如果治疗师建议采用药物治疗，要确保自我管理或咨询辅导是整个康复计划的一部分，因为这样才能让他们的心理得到康复。

在正走向性成熟的青少年身上，可能会越来越频繁地出现过度的情绪反应，而且往往是意想不到也无法解释的。当情绪爆发时，砰的一声关上门、摔门而去或大喊大叫是常态，而且通常是由一些明显很小的事情引发的。不要将这种情绪爆发视为让人不快的小插曲而不予理睬，最好花点时间去了解一下，这种小小的挑衅意味着什么。父母可以在事后帮助孩子花点时间去了解这段插曲，找出可能引发情绪的问题。一些让青少年爆发的小事可能是一些大事的伪装。考虑下面五种可能性：

- 曾经说过或做过某件"特定"的事情，造成了伤害。"你取笑我的时候，一点都不好笑！"
- 某些东西被"压抑"并一点点累积。"今天之后，我再也不能忍受批评了！"
- 发生了与某件痛苦往事"类似"的事情。"这和从前别人对待我的方式一样！"
- 发生了一些具有"象征性"的事情。"这正好说明你从来没把我当回事！"
- 发生了令人"惊讶"的事情。"我没想到你会有这样的反应！"

引起不相称情绪反应的小挑衅是值得注意的。当反应似乎过度，而引发此反应的原因不明时，通常值得进行一番讨论，想想到底发生了什么。

为什么青少年这么容易反应过度呢？因为他们需要用情绪化的表现来掩盖真实的内心活动，而自我意识和对隐私的要求可以满足这一需要。向别人正面展示自己会让他们觉得不舒服，因为这无异于将自己的弱点暴露于人前。它可能不符合更独立的青少年想向世界展示的强大、美好形象。情绪外露甚至可能会被认为是软弱的表现。父母可以对此表达不同的看法:"把让你难过的事说出来并不代表软弱,而是力量的表现。"父母还可以亲自示范。

对社交尴尬的敏感

随着发育期的到来,青少年的社会交往意识和自我意识都在不断增强。这个时候,与同龄人在一起的感觉与童年时不一样了,因为现在不断变化的身体让他们感到无比陌生,带着这样的身体去抛头露面简直让人心惊胆战。如果你的发育速度比同龄人更慢或更快,他们肯定会注意到。这种注意中最糟糕的一种就是外貌被人取笑,因为这会带来难堪,想象一下,当你以某种低级、尴尬或愚蠢的方式引来众人围观,被迫置身聚光灯下承受嘲笑奚落,那是多么令人不寒而栗的感受!在最坏的情形下,尴尬会变成恐惧,一种将自己的失败或弱点暴露于人前被指指点点的恐惧。对青少年来说,这种在人群中孤立无援的时刻会让他们感觉如受酷刑,害怕终身都无法摆脱这种个人耻辱。"我的名声彻底毁了!"

一个人的自我意识越强,尴尬带来的痛楚就越强烈。因此,当青少年在因发育期激素变化引起的强烈不自在感中一天天长大时,那些在中学时代常见的取笑可能会给他们造成极大的伤害,无论这些取笑是关于体重、体型、肤色、头发,还是身体协调性差、声音低沉,抑或是身体发育过快或过慢,对他们而言都是残忍的。

"你看上去好奇怪!"

"你根本不懂那些!"

"看看她穿的什么玩意儿!"

"看看他都干了些什么!"

在旁观者的嘲笑声中,尴尬程度会急速上升。在极度痛苦的时刻,青少年会发僵、口吃、语无伦次、脸红,甚至出一身冷汗。

"我再也没脸见人了!"

"我希望我能消失！"

"我觉得自己要死了！"

当然，人不会死于尴尬，但当置身于那样痛苦中时，他们真的觉得自己会死掉。即使这种嘲笑没有发生在他们身上，他们也一定目睹过其他人遭受这样的折磨，所以他们知道自己也有可能经受同样的遭遇。看到某个同龄人被贬低和嘲笑时，那些没有安全感的目击者会默默祈祷：愿这种事永远不要发生在我身上！

在学校和同龄人面前犯错或失误的经历会追着你不放。这个时候，如果青少年屈服于以下四种常见的社交恐惧中的一种或多种，就会对尴尬毫无抵抗力。

- 害怕在别人眼中显得古怪或有毛病。"别人都不是这个样子的！"
- 害怕遭到取笑或讽刺。"大家都会笑话我的！"
- 害怕对自己的形象或声誉造成持续的损害。"别人会一直记着这个事！"
- 害怕因看起来像异端而被孤立。"我永远都融入不进去了！"

父母可以向孩子解释的是，尴尬并非不可避免，没必要害怕这些恐惧。它们是可以选择的。尴尬通常是在社交中被激发的，其实永远都是自己在折磨自己。无论讨论的是同龄人对同龄人、子女对父母还是父母对子女，让你尴尬的从来都不是别人实际上对你做了什么。将你的尴尬归咎于他人，只能让你相信他们的行为（以一种你不喜欢的方式）对你产生了可怕的影响。归咎于他人不但不能减轻伤害，反而会加重。

分清责任是消除尴尬的最好方法。例如，只要青少年不让自己的情绪受他人影响，别人的取笑就没有影响他的力量。"是他们想用刻薄来掩饰他们的不安全感，而不是我有问题。"青少年可以更合理地看待这种事，"我在众目睽睽下出丑了，我只需接受这个事实，让它过去，然后继续前进。"

我把尴尬更残酷的那一面形象地描述了一下，这样父母就能体会到它是多么可怕，多么让人痛苦了，才能下定决心永远不要故意让自己青春期的孩子感到尴尬。父母很容易被自己的成人意识蒙蔽，觉得偶尔陷入尴尬没什么大不了，也不会造成什么持续的伤害。与充满个人不确定性的青少年相比，父母通常拥有更自信、更稳定的自我认识。成人已经充分定型，而青少年还处于加工阶段，他们没有安全感，容易感到尴尬，特别是在发育期。

成年人忘记了自己当年如此脆弱时是什么感觉，他们可能会用一些自认为很好玩，甚至极其青睐的方式来戏弄青少年，完全没有想过孩子对这种玩笑形式的攻击会很敏感。然后，他们可能会惊讶于自己得到的回应，因为孩子拂袖而去，表面上看是生气了，但实际上是受伤了，这样的交流方式让他伤心了，"这一点都不好笑！"至于其他成年人，例如学校里的一些老师或教练，他们用让学生难堪的方式来管理课堂或团队，以公开贬低一个学生或球员来杀一儆百，这种来自成人权威的霸凌行为可能会使学生服从，但这样做的代价是失去了学生的尊重。它们足以造成很大的破坏。对家庭中的父母而言，同样如此。

在我看来，家庭应该尽量成为青少年的"禁取笑区"，父母不应该故意取笑自己的孩子。青少年回避的目光、瑟缩后退或惊慌失措的行为，并不"有趣"或"可爱"。一定要记住，永远不要用讽刺来贬低青少年。然而，这些并没有涵盖当子女正处于青春期早期和中期（大约在 9～15 岁）的发育阶段时，父母可能在无意中造成的尴尬。此时的青少年通常想把他们的朋友圈与父母分开，因为在这个阶段，哪怕只是在父母陪同下出现，都可能损害或威胁到他们的社会独立性，而这种独立性是这个阶段的青少年异常重视的。

对许多青少年来说，被朋友看到和父母一起出现在公共场合会产生尴尬。因此，中学生可能不希望父母出现在学校，也不希望父母在学校活动时坐在台下观看自己的表演。所以，父母要予以尊重并主动表示："我们真的很希望来看你的比赛，但会努力把我们的存在可能给你带来的干扰降到最低，尽量不让人注意到我们，或者注意到你，只是安静地坐在一边，活动结束后我们在车里等你，你可以和朋友们道别后再来和我们会合。"父母要吸取的教训是，一旦孩子的独立之旅开始，父母在公共场合的陪伴就可能会让他们不自在，父母所扮演的角色也不像从前那么容易被接受了，因为这两者都有可能让孩子感到尴尬。

当父母有意或无意地做了什么、没做什么或说了什么而让孩子感到尴尬时，青少年会感到一种被出卖的愤怒。例如，一位父亲无意中让他七年级的儿子陷入了巨大的尴尬之中，因为他随口叫出了孩子小时候的昵称。"斯努基，"在儿子和一群男性朋友准备离开之前，父亲对儿子喊道，"我要再问你一件事。"

"斯努基？"一个朋友笑着说，然后其他三个人也跟着喊："嘿，斯努基，我们走吧！"男孩难堪得脸都红了，因为父亲当着朋友的面喊他的乳名，把他当一个幼儿对待，这就如同把他的昵称作为子弹拱手送给他的朋友，让他们有机会取笑他，而且还有可能广为传播，让更多人用这个名字来称呼他，让他恨不得从来没用过这个名字！父亲怎么能这么迟钝大意呢，居然这样对待他，这样伤害他？我们从这个例子中得到的教训是，在青少年的朋友面前，父母要以与他们的年龄相称的方式对待他们，这一点真的太重要了。

再举一个例子，有一位母亲拿刚刚发育完全的儿子开玩笑。

"现在所有女孩都得防着你了！"

她本想亲昵地赞美儿子更加成熟的外表，但儿子却把这当成了对他缺乏两性经验的一种讽刺，因为他已经感受到了这方面的危机。"这一点都不好笑，妈妈！"这个例子告诉我们，如果某个玩笑对青少年来说一点都不好玩，那就尽量不要开这样的玩笑。

因为在青春期，尤其是发育期前后，已经充满了足够多的尴尬时刻，所以不需要父母提供更多了。如果你的孩子曾经告诉你，你的某些行为让他尴尬，告诉他，你真的需要知道你做了什么让他不舒服的事情，这样你以后就不会再做了。如果你十几岁的孩子曾经因为在学校发生的某件事情而感到尴尬，那么一定要认真对待这件事。共情地倾听，鼓励他把痛苦的经历讲出来。

最后，父母确实需要小心一个尴尬的陷阱，之所以会存在这个陷阱，是因为大多数父母可能都想要一个能得到众人夸赞的孩子。他们渴望拥有一个能体现出良好的教养、让自己付出的心血得到高额回报的孩子。

但是，在正常的青春期，孩子们会逐渐告别童年并表现得越来越不一样，在不断尝试新事物的过程中，他们可能会变得更粗野、更另类，在公众和父母眼中表现得更任性。他们的明星孩子怎么了？现在，父母可能会因为孩子吸引了更多负面的关注而感到尴尬，有时候无法按照习惯的父母形象行事。

当父母觉得孩子辜负了自己的苦心栽培，觉得自己的努力没有像从前那样得到应有的回报时，他们就会感到尴尬、失望，甚至怨恨。"他让我们看起来像很差劲的父母！"过往那些积极的反馈和回报去哪儿了？对于这样的家长来说，下面这些"咒语"可能有帮助。

○ ○ ○

我们明白，孩子正在发生改变，不再是一个小孩了。他来到这个世界并不是为了让我们更有面子，也不是为了让我们的付出一定得到回报。我们尽己所能，孩子尽其所能，不问结果。比积极反馈和回报更重要的，是我们持续的关心和坚定的爱。

第 9 章

同龄人与高人气

"和朋友们分开之后,我想一个人待着!"

青春期让你很难像童年那样与父母保持紧密、和谐的步调,每个人都有对曾经的亲密无比怀念的时候。父母可能会因为失去了从前形影不离的小尾巴而悲伤,青少年可能会怀念在父母温情陪伴下四处游玩的日子。

这个时候,青少年会通过语言和行动让大家知道,家庭成员的关系正在发生变化。"我不想再被当成一个小孩对待!"正是由于这个原因,青少年会感到更加孤独,感到与家庭疏离,自然就会渴望被另一个圈子接纳,所以他们会和那些同样正在经历青春期变化、同样寻求独立与独特的同龄人一起,建立一个足以与家庭抗衡的朋友圈。在这个人生阶段,他们感觉与家人比起来,还是与朋友在一起更如鱼得水。

青少年需要同伴。这种同龄人群体的力量在青春期往往会被放大,因为一个人越是与家庭疏离,就越需要从朋友那里获得社会归属感。当青少年说"朋友就是一切"时,这确实是他们的心声。朋友的分量高于一切。所以,我们接下来要讨论的就是同龄人的影响力、青少年对高人气的追求、父母如何与孩子的朋友相处，以及当青少年更重视朋友时，父母该如何自处。

同辈影响力

有同龄小伙伴的青少年增加了自信，减少了孤独。由于这段时间与家人相处不再那么融洽，因此小伙伴为他们提供了一个社会上的"家"，一个家庭之外的归属地。这个"家"给他们带来认同感，与同伴的相似之处也让这种认同感有了社会价值。"我们彼此相似，惺惺相惜。"

青春期为他们打开了通向家庭以外更大世界的一道门，他们可以发现更多兴趣、接触更多人、尝试更多事物，与伙伴们一起探索世界的兴奋感令他们勇于冒险、无惧威胁。例如，对那些不敢独自尝试的事情，比如在体育比赛中大声嘲笑来自对手学校的学生，在朋友的陪伴下就敢于一试。由于父母不太了解对青少年来说什么是重要的，随着亲子之间代沟的加深，那些作为同盟、知己和伙伴的同龄人为青少年提供了重要的支持，成为与他们有共同兴趣、品位、价值观、秘密，能够一起冒险、提供信息的朋友。由于父母经常会反对一些青少年感兴趣的东西，对一些话题拒绝讨论或无法自在地讨论，同龄人就成为那些被禁止了解的信息的主要提供者。父母代表着成年权威定下的规则，同龄人则可能是"规则破坏者"，大家凑在一起有时会大胆地去打破禁忌，为所欲为。

最重要的是，同龄群体的成员资格不是随便就能得到的。加入一个同龄群体，尤其是像社交圈、小团体或帮派这样组织严密而排外的群体，要获得成员资格可能得付出很多。为了融入群体，有时必须遵循要求，服从他人。总而言之，这些要求表达的似乎是："要成为一名够格的成员，你就得向我们看齐。信我们所信，为我们所为，看起来和我们一样，把我们放在第一位，拥护我们，支持我们，没有朋友比我们更重要，不要比我们表现得更好，不要背叛我们。"至于个性和独立，同龄人可能不会容忍太多个人自由和不同表达。一个小团体有时候会规定成员该如何思考、如何着装、如何行动。

最重要的可能是，这样的小团体为练习社交技能提供了宝贵的机会，比如为自己发声、捍卫自己的立场、面对和解决冲突，以及在面对群体给成员提出的各种要求时保持个人的正直诚实。

接下来，我们要讨论的是青少年对高人气的不懈追求，这是社会归属感的黄金标准。

追求高人气

青春期早期和中期，如何结交朋友、留住朋友并一直保持朋友关系是一个巨大的挑战，因为每个人都在改变。每个人都感到与家庭的关系越发紧张，内心充满自我怀疑，被困在不断变化的身体里，感觉自己被抛入一个故作老成的世界随波逐流。

青春期早期的孩子本身就具有发展上的不安全感，而青春期中期的孩子在社会上的不安全感以及努力在同龄人中寻求归属和地位的焦灼感使得一切更复杂了。一个人的社会声誉会影响其得到的社会待遇，是接纳、尊重还是排斥、轻视，所以对归属感和地位的追求成为青少年的头等大事。一个以优等生而闻名的"明星"学生通常会比以不合群著称的"怪咖"学生更受待见。在青春期早期和中期，最艰难的一课就是，没有人能控制自己在网络世界和现实世界中的名声，因为无论别人说了什么对你不利的话，都有可能在社交层面上给你带来不良影响。

举一个代表最坏情形的例子，一个七年级女孩莫名其妙地被其他女孩贴了一个"it 女孩"的标签，这些女孩最初的想法可能是开玩笑，用"it"来含糊地表示她有某种让所有人都不想和她扯上关系的问题，所以女孩们都离她远远的。这个有损她声誉的标签一直伴随着她读完高中。"我无法摆脱它，我也无从知道'it'到底是什么。我度过了一段非常孤独的时期。虽然说不清楚，但我心里清楚这不是我的问题，而是她们的问题。所以我发奋努力，提前一年从高中毕业，然后在社区大学重新开始我的社交生活。"

在类似这样艰难的时刻，受欢迎的名声会很有说服力：只要你受欢迎，所有关于社会归属感的担忧和问题都会迎刃而解！你越受人欢迎，就越能融入这个圈子，就越有安全感，你遭受的恶意与苛待就越少。高人气能确立你在那些想要接近你的同龄人中良好的社会地位，你可以在他们中拥有一席之地，他们可以和你一起行动，可以提供你需要的陪伴。

所以，在学校里，群体归属通常是由一个特定的聚会地点来表征的，即一个实际的场所，比如休息时的走廊或庭院，或者一张午餐桌。如果你有一个这样的去处，就意味着你有一群朋友。成绩好、守规则、学习努力、乐于助人等特点能获得老师的认可，但在那些更看重外表、自信、坦诚、财产、衣着、时尚感、有运动天赋和善于交际的同龄人中，这些特点就不那么受追捧了。

谁都不希望自己不受欢迎，因为那就意味着你会被孤立，得不到庇护，只能踽踽独行。如果被贴上"不受欢迎"的标签，同龄人就可能会忽视或回避你，因为他们害怕被自己的小伙伴知道。与不受欢迎的人交朋友会增加他们不受欢迎的风险，这种不受欢迎通常被视为一种可以通过公共交往传染的社会性疾病。因此，一个女孩解释了她为什么在学校不再与一个正在社交尴尬中煎熬的儿时伙伴交往："我不想让人误会我们是朋友，但我们在学校以外还是可以在一起的。"

这个时候，父母可以和孩子讨论一下，什么是"高人气"，青少年对这个词的狭隘定义可能需要什么样的社会成本。父母可以告诉孩子，他们很快会以成年人的身份进入一个更广阔的社会，在这里，人与人之间有着巨大的差异。在这个更为复杂的世界里，是否能了解形形色色的人并能与之和谐相处，决定着一个人未来的成就。父母还可以向孩子解释，现在的所做所为都是在为将来的为人处世做准备。如果青少年在成长过程中将自己的人际交往压缩在一个安全的小圈子里，可能会削弱他们成年后在一个更多元化的世界里与人相处的能力。

最后，父母可以事先警告一心想拥有高人气并持续受欢迎的孩子，这样做可能会让他们付出一定的代价。父母可以逐项列出获得高人气需要付出的常见成本。有时，它和想象中并不一样。

- 要取悦别人：如果想让别人继续喜欢你，你就必须努力对他们表示友好。
- 要与时俱进：你必须看起来很酷，紧跟潮流，保持前沿。
- 要如履薄冰：人们可以投票支持你，也可以投票反对你，当你不小心冒犯了别人，或者有"更好的"人出现时，你就出局了。
- 会招人讨厌：在有人欣赏、赞美你的同时，也会有人羡慕、嫉妒你，还有人想打倒你。
- 会被人模仿：有人模仿你是为了被你喜欢，也为了被其他人喜欢。
- 会助长虚伪：你可能会经常假装对别人好，别人也经常假装对你好。
- 会带来困惑：有时你会困惑，人们之所以愿意和你做朋友，是因为你这个人，还是因为你的高人气呢？
- 会成为众矢之的：你会得到更多关注，受到更多评判，你的缺点和失败都会被放大，会惹来更多闲言碎语。
- 会面临竞争：想受众人追捧的人太多了，所以你必须每天在对手面前表现出最好的状态。
- 会被冲昏头脑：被众人追捧的人往往会自以为是，仿佛自己是"天选之子"，有权发号施令，伤害那些他们以为很牢固的友谊。

- 会作茧自缚：为了在学校受欢迎，就必须投入很多的时间和精力，而这样的投入势必会影响在学校之外的社交生活。
- 要做小服低：追求高人气的人有时会为了被接纳而对那些人气更高的人忍气吞声。

最重要的是，人气和友谊是不一样的。人气是政治化的，而友谊是个人化的；人气与地位有关，而友谊只关乎感情；人气比较随便，而友谊则更上心。所以，拥有一段美好的友情，比拥有高人气更重要。

关于追求高人气的问题，父母能给青少年什么建议呢？不妨告诉孩子：能相容于世，有三五知己，群处时可与人同欢，独处时可自娱自乐，足矣。也找点时间多陪陪家人，小伙伴们现在看起来很重要，但长大后就会与你分道扬镳，唯有家人不离不弃。

父母与伙伴

随着小伙伴在青少年心目中变得越来越重要，父母会觉得他们和家庭变得无足轻重了。当青少年开始建立自己的社交圈，变得更加独立时，为人父母者需要做到适时放手。有时，父母很难适应这种变化。例如那些独生子女的父母，曾经享受着把心爱的孩子时刻留在身边的奢侈，此时他们可能会发现，与孩子的小伙伴相比，他们并没有什么优势，因此不得不接受要与人"争宠"的事实。

随着孩子步入青春期，父母确实开始"不那么重要"了。也应该如此。这让我想起了作家达雷尔·斯福德（Darrell Sifford）的文章，他发现，在孩子长大后，父母在他们心目中的重要性远远无法与他们在父母心目中的重要性相比。"不那么重要"并不意味着"爱少了"。这只是意味着在这个年龄，其他的社交对象被赋予了更高的优先级。

"不那么重要"也不意味着父母应该忽视或放弃对青少年作为家庭一

员的要求。毕竟，父母提供了小伙伴无法匹敌的恒久关爱与亲切关怀，而持续的家庭成员身份则为孩子提供了持续的参照框架：哪些行为是允许的，哪些是禁止的，哪些是符合期望的、明智的、正确的、安全的。从长远来看，朋友的重要性通常只在短时间内，而父母和家人则有更持久的意义。

父母可能会感受到来自第二个"家庭"的威胁。他们会对孩子的生活产生一种局外人之感；有时候，孩子对群体的忠诚度超过家庭；有些群体的价值观与家庭价值观相对立；有些事情小伙伴都知道，父母却被蒙在鼓里。还有可怕的"同辈压力"，即社会从众要求，会将青少年引入歧途。"我这么做只是因为其他人都这么做。"父母要跟孩子讲清楚，这样的"集体思维"并不能代替个人责任，为了被接纳而服从并不能作为犯错误的借口。他们尊重青少年选择朋友的权利，前提是同伴的行为没有超出父母的许可范围。如果做不到这一点，父母可能就需要与孩子讨论如何为这种交往设定一些安全条件。"在这段时间内，你留在家里过夜比去朋友家让我们更安心。"

尽管同辈压力是真实存在的，但并非完全负面。同伴之间也会互相照顾，互相警告远离不明智行为，例如，阻止滥用物质（"你不能再用了！"），阻止冒险（"不值得一试！"），或者终止斗殴（"退后！"）。也会提供支持，例如，倾听朋友因父母离异或与恋人分手而产生的痛苦，或在团队活动失败后为伙伴打气。同伴甚至可以提供从自己糟糕的经历中得到的有用信息。"那种性行为不安全，至少我就中招了。"或者"生气的时候发短信会让你陷入麻烦。"或者"要不是喝醉了，我绝对不会那样做的。"

通常情况下，当父母对孩子的小伙伴有所了解并心生喜欢时，这些孩子比起那些他们不了解、不信任的孩子会让他们好受一些。父母有时会说："别把你那些朋友带回家！"这样做是因为害怕那些年轻的外来者，不想让他们给这个家带来伤害。可是，由于缺乏接触而导致的不了解，只会让这个同龄人群体比以前更可怕。

父母可以创造一个舒适的聚会场所，殷勤款待孩子的小伙伴。在和孩子的好朋友相处时，父母可以向他们解释一些家庭规则，热情友好地招待他们，但不要执着于与他们成为朋友，不要试图以这样的方式把他们纳入家庭范围。当然，也要做好准备，让他们吃饱喝足。毕竟，世界上还有什么比一个友好的微笑、一个放松的地方、一堆丰盛的食物更能让人感到宾至如归呢？

"你的父母不错"既是对你家孩子的赞美，也是对你的赞美。当孩子的朋友把你当父母看待时，这种欣赏可以让你拥有更多影响力。因为对你们印象不错，小伙伴们可能会这样建议："我认为你应该告诉你的父母发生了什么。"

当涉及青少年的同龄人群体时，与其一无所知，不如主动了解；与其百般挑剔，不如表示好奇；与其排斥，不如欢迎。了解总比不了解好，试着喜欢比一直讨厌好。当你接纳并欢迎孩子的朋友时，你的孩子会觉得自己得到了更多的认可。如果你觉得某个朋友可能对孩子有"不良影响"，与其批评孩子交友不慎，不如明确指出这个朋友身上那些让你担心并希望孩子远离的行为。

父母的需要

最后，当孩子更需要小伙伴时，父母最好不要觉得自己被怠慢、被无视了。父母可以继续要求孩子满足一些基本要求。例如下面这几个：

1. 体贴对待。父母往往把孩子细心和礼貌的行为看作体贴和关心的表现。"当我们不需要请求就能得到帮助时，感觉真的很好。"
2. 保持沟通。当父母得到准确和充分的信息时，他们往往会感到更安心。"我们很高兴能随时了解正在发生的事情。"

3. 相互合作。当亲子之间不断为对方努力时，他们往往会在关系中感到更公平。"你帮我们时，我们也更乐意帮你。"

4. 服从规则。当大多数家庭规则得到遵守时，父母就不会那么担心了。"要求和限制都是为了你好，如果你能遵守，我们也就能松口气了。"

5. 承担责任。当青少年能够承担选择的后果并吸取教训时，父母会对孩子更有信心。"好也罢，坏也罢，只要你能吃一堑长一智，就孺子可教。"

6. 分担家务。当十几岁的孩子不仅分担日常家务，而且随时准备提供其他帮助时，父母通常会感觉得到了支持。"当我们需要帮助的时候，你能提供帮助真好。"

7. 安全冲突。知道分歧不会带来伤害时，父母会放心地提出反对意见。"我们之间的争论是安全有益的。"

8. 信守承诺。知道协议会得到遵守时，父母会更信任孩子。"你能一诺千金，我们深感欣慰。"

9. 乐于倾听。耐心倾听父母的讨论会带来积极的改变。"我们可以无话不谈。"

10. 家庭参与。当孩子表现出作为家庭一员的参与精神时，会使父母产生强烈的家庭凝聚感。"我们希望你有自己的朋友圈，同时也希望你依然珍视家庭成员的身份。"

第 10 章

铁打的友情

"父母理解不了友情对我有多重要!"

一边是与父母之间越来越远的距离,另一边是与同龄人之间越来越不稳定的社会关系,这使得青春期中期和中学阶段的孩子很容易产生一种无所依托感。此时,随着与同龄人之间的关系变得越来越重要,父母必须关注以下几个主题:最好的朋友、支配关系和迷恋,它们会带来各具特色的挑战。

最好的朋友

尽管大多数青少年都希望自己能找到一个最好的朋友,但并不是每个人都如此幸运。一个最好的朋友出现时是上天伟大的恩赐,失去时却是无限痛苦的源泉。是什么让这个最好的朋友(通常是同性)有别于其他朋友呢?是一种让你在众人中最喜欢他陪伴的特殊在意,是一种因无话不谈而对他有更多了解的特殊感受,是一种愿意为彼此牺牲的特殊忠诚,是一种意气相合、志趣相投的特殊默契。此外，在彼此的家庭中，另一个人常常扮演着"编外成员"的特殊角色。

现在朋友之间的联系越来越密切了，科技的发展实现了天涯若比邻。青少年最在意的就是与彼此共度时光。女孩之间通常把更多的时间花在互相交流上，现在有很多电子方式可以让她们时刻保持联系。男孩之间通常把更多的时间花在共同参与的活动上，随着科技的发展，现在有很多电子方式可以让他们一起在线玩游戏。

无论哪种情况，最好的朋友之间都会形成一种特殊的联系，感觉是在分享一个共同的身份，是彼此的一部分。在某些情况下，好朋友之间甚至可以不用表明心意，就会产生类似双胞胎的心灵感应。在社交上，他们被认为是最佳好友，因为总是"孟不离焦，焦不离孟"。他们无比坚定地认为，最好的朋友会是永恒的，这辈子再也找不到比彼此更好的朋友了。

就像人生的大多数天赐恩典一样，这种关系是一把双刃剑。当友谊走到尽头时，最锋利伤人的那一面就显现出来了，至少会有一方会在两个方面感到深深的失落。首先，现实证明最好的朋友并不是永恒的；其次，怎样才能再找一个这样的好朋友？青少年正在迅速地成长，挥别童年的林林总总，变得和过去越来越不一样，所以曾经认为此生最好的朋友往往在中学期间或者中学毕业后不久就疏远了。

一位家长是这样描述的，"她们从小学开始就形影不离，现在七年级了，丈夫和我都认为她们的友谊已经走到尽头了，至少对女儿最好的朋友来说是这样的。这并不是说这个女孩不再喜欢我们的女儿了，而是她表现得好像这段旧关系已经不再适合她，甚至阻碍了她发展新兴趣和结交新朋友。她想要更多时间各干各的，这让我们的女儿很伤心。这不是任何人的错。两个女孩都没有做错任何事，但她们都觉得受到了伤害。一个因为离开而感到内疚，另一个则觉得被抛弃了。"

对像上述两个从童年开始就一直惺惺相惜的孩子来说，失去最好的朋友感觉就像失去了自己的一部分，这种失落对自觉被遗弃的一方来说是雪上加霜，她们会自责自己不够好，感觉生活陡然空虚，不知道如何填补，内心一片茫然。在这个关键时刻，父母可以以多种方式提供帮助。他们可以向孩子解释这种在青春期常见的"渐行渐远"，提供感同身受的支持，鼓励孩子发展其他个人兴趣，结识其他朋友，鼓励他们多关注自身以增加对自己的了解，并提供过渡性的陪伴，直到孩子有足够的时间从失落中恢复过来，打起精神重新投入社交活动。

受朋友支配

让父母担心的是，青春期中期的孩子并不是投入了一段最好的友情，而是陷入了另一种同样强大的关系，即支配关系中。一位智利记者曾经问过这样的问题："你如何解释一个少年愿意被另一个少年支配？"这个问题表明，许多文化中的青少年都面临着类似的挑战。为什么一个孩子会选择和一个设定规则、发号施令、居高临下的朋友交往呢？为什么他们会选择在交往中依附于一个专横的同伴呢？

常见的答案是，因为他们依然深受童年依赖感影响，仍然想被他人指导，但不是被父母，除非以一种叛逆的方式。（叛逆不是一种独立的行为，而是一种依赖，致力于做与父母期望和要求相反的事情。）在青春期早期阶段，被指导的需求仍然存在。

如果你不想被父母指导，但又自觉没做好自我指导的准备，那么有一条存在于青春期的中间道路：建立一种过渡性的依赖，依靠一个占主导地位的同伴，他会起带头作用，让你跟随其后。据我所见，支配关系的窗口期一般是从青春期早期（9～13岁）到青春期中期（13～15岁）。在这之后，青少年通常已经获得了足够的个性和独立，一心按照自己的规则行事了，这种折中方案将不再具有价值。

什么是折中方案呢？为了让自己与社会有联结感（而不是被孤立）、有方向感（而不是漫无目的）、有认同感（而不是无从定义），青少年愿意以效仿（模仿同伴）、遵从（符合同伴的信念）、顺从（遵从同伴的需要）的方式追随一个自信的同龄人。

在一个缺乏自信的年龄，跟在一个带头大哥后面，依赖对方为你指明方向，对你发号施令，教你如何做人，这会让青少年产生巨大的安全感。在我见过的大多数情况中，之所以在青春期选择和一个支配型的人做朋友，实际上是因为需要在孩童时期依赖父母与长大后依赖自己之间寻找一种过渡。

父母会注意到，自己的孩子似乎完全屈从于这个支配型朋友，穿衣打扮、言行举止以对方为榜样，三观受其影响，把对方当作最重要的人去讨好，对其唯命是从。

追随者的动机可能有很多种。比如下面这些：

- 社会地位。"这段关系让我有了影响力。"
- 社会安全。"这段关系给了我保护。"
- 社会归属感。"这段关系把我和其他人联系在了一起。"
- 社会身份。"这段关系让别人知道了我是谁。"
- 社会接纳。"在这段关系中，我得到了重视。"
- 社会指导。"这段关系让我有了方向。"

目睹自己的孩子被一个支配型朋友迷住，可能会让父母感到害怕，因为相比之下，他们的影响力似乎更小了，不过，更重要的是因为他们希望自己的孩子不要把过多的自我定义、自我价值和自我指导的权利交给别人。他们担心自己的孩子会自我牺牲，会失去自信，会被人利用，甚至误入歧途。

如果可以的话，父母最好善待这个支配型朋友，对他们的这种关系持支持态度，保持开放性沟通，并在此过程中获得一些影响力。如果父母曾经反对过孩子的一些行为，那么可以把注意力集中在那些他们担心的行为上，而不是这段友情本身。"我们尊重这份友谊对你的价值，但我们希望你不要因为朋友而去冒险,去做有损自己利益的事情,所以我们得和你谈谈什么该做、什么不该做。"

最佳做法通常是把注意力放在孩子的选择上,而不是朋友的影响上,因为责怪朋友会减轻孩子的责任。更重要的是,这样做会让孩子产生防御心理。当父母批评孩子的朋友或这段关系时,因为孩子对朋友有依赖,所以相当于就是在批评孩子。

父母可以尝试做几件事来减少这种支配型友情对孩子的控制。首先,找一个轻松的时间,用完全不带评判的态度,表达自己的疑虑——不是提出批评,而是表达对这种交往模式的担忧。"有时候我们会想,你在这段关系中得到了什么,可能放弃了什么?你可能需要考虑一下,这种相互关系给你带来了什么,它的代价又是什么?"其次,父母可以给孩子推荐其他的社交活动,并鼓励他们参加一些青少年感兴趣的、能满足自尊心的活动。

此外,随着社交圈的扩大,这个最重要的朋友可能会逐渐失去其吸引力和影响力。

迷恋型关系

青少年迷恋在青春期扮演着重要的角色。我们来看看两种类型的迷恋:认同型迷恋和浪漫型迷恋。在这两种情况中,青少年都会被一个人深深吸引,无可救药地陷入迷恋。(第三种是对名人的迷恋,这种迷恋可以塑造理想、激发幻想,但通常与迷恋对象没有人际接触,将这种情感付诸现实。不过,这绝对是名人海报的市场,青少年用它们来装饰卧室的墙壁。)

在上述三种情况中,青少年都会把自己高度重视的理想化特质投射到另一个人身上,成为对方的仰慕者,希望与之交往。然后,他们把强烈的积极情感与这个创造出来的完美形象结合在一起。迷恋更多地与幻想而非现实有关，它们更多地反映了仰慕者而非被仰慕者的情况。因为它们通常会在相对较短的时间内被证明是不现实的，所以很快就会消失。但正是因为理想化，迷恋才具有这种转瞬即逝的力量。这就是为什么父母要尊重青少年的迷恋，而不是无视或轻视它。毕竟，这是早期近似于爱情的体验。当这种迷恋存在的时候，青少年都是无比认真的，所以应该被严肃对待。

认同型迷恋是通过寻找他们崇拜的、想要与之相似，并视为领袖和榜样来模仿和追随的人而形成的。与以不安全感为媒介的支配型关系不同，认同型迷恋以崇拜为媒介。浪漫型迷恋是通过寻找一个对他们有强大吸引力的人形成的，他们觉得和这个人在一起很激动，希望有更多时间和这个人在一起。在这两种情况下，迷恋者对他们喜欢的对象都会给予极大的肯定，因为他们想要被对方喜欢，想要像对方一样，愿意做很多事情来获得对方的好感。他们会费尽心思去和对方套近乎。

中学时期是这种浪漫型迷恋大爆发的时候，这方面的八卦也最多（"猜猜谁喜欢谁"）。这个时候，青春期早期的到来和与童年的分离使青少年想要表现得更成熟，发育期带来的性成熟促使他们以更具男子气和女人味的方式行事。女孩的发育通常早于男孩，她们更有可能率先被迷恋的浪潮冲击，比男孩更容易被异性吸引，更认真地对待浪漫的感觉，而男孩则更容易轻视甚至笑话这种感觉。不过，对同龄的男孩来说，懂得慕少艾的时刻已经不远了。当它到来的时候，当他们也深受迷恋之苦的时候，就知道这不是什么可笑的事情了。

因为浪漫型迷恋是理想化和迷恋的有力结合，它不需要对另一个人有很深的了解。在某些情况下，一个表面印象就足以激发迷恋了。"我喜欢她的安静、警惕和独来独往。""我喜欢他不把他人想法放在眼里。"迷恋往往很能说明问题。"我儿子总是迷恋与他截然相反的女孩子，他自己很严肃，就喜欢爱开玩笑的女孩。"迷恋不只是梦的组成部分，它们还体现了做梦者的许多方面。

当然，浪漫型迷恋也有危险的一面。你不希望青春期的迷恋变成一种痴迷，这意味着青少年可能无法停止对迷恋对象的白日梦和幻想。你不希望青少年在迷恋的影响下，以危害自身的行为来表达迷恋，养成一些不良的嗜好。你不希望这种迷恋被迷恋的对象利用，比如一个坠入爱河的小少年被比自己年长的青少年利用。

因为浪漫型迷恋的感受是如此强烈，所以父母不能掉以轻心或加以取笑。浪漫情感的觉醒会触发很多焦虑，因为青少年有很多问题需要答案。这些问题包括"我该拿这些感情怎么办呢？是不是应该保守秘密，把更多心思放在学习上？如果我告诉亲密的朋友，会怎样？假如我被人说闲话和取笑，不是太尴尬了吗？如果我不得不和那个人打交道，但他完全不知道我的感受会怎样呢？"人在紧张时刻做一些尴尬事或说一些尴尬话的风险更大。"我该怎么告诉这个人我的感情呢？"向对方表白会有暴露和被拒绝的风险，可是想要控制这种迷恋又太难了。

一种处理方法是向迷恋对象表白心迹。不过，使用的语言很重要。那种浪漫化的情感是如此强烈，让人无法抑制地想用"爱"这个字眼来表达感情。但是，在说起这些感受时，最好还是用"喜欢"这类词，因为它会减小双方的压力。"我喜欢和你聊天。""我喜欢和你出去玩。"这就够了，就这样吧。

大多数浪漫型迷恋不会持续很长时间，因为一旦对迷恋对象有了更深的了解，他们的魔力就会消失，理想化的形象也随之土崩瓦解。"我不敢相信我曾觉得他那么了不起！我到底怎么想的呀？"不过，这种迷恋确实有一种持久的价值，在经历了迷恋情感的觉醒之后，青少年已经情窦初开，准备去享受浪漫爱情的愉悦，去接受各种可能。

认同型迷恋往往持续得更久，因为在这种迷恋中，青少年更关注的不是取悦他人，而是改变自己，以他们崇拜的领袖为榜样，在成长中塑造自己女性化或男性化的形象。因此，一个害羞的七年级女孩会迷恋一位广受欢迎的女同学，并想要变得像她一样善于交际，而随着她变得更开朗外向，这种迷恋很可能会消失无踪。这是一笔没有明说的交易。她逐渐与那个高人气女孩的朋友成了朋友，有人用同样崇拜的方式仰望她。在这种认同型迷恋中，有时候性感觉会被唤起，甚至会用行动来表达喜欢，但这通常并不意味着同性恋取向已经确立，只是说明这种迷恋中可能会有性的成分。

当然，追随一位仰慕的领袖会有风险，陷入认同型迷恋的青少年可能会被引入歧途，这正是一些父母所担心的。"我家儿子崇拜一个滑着滑板上学的同学，那个孩子把滑板藏在储物柜里，打扮得像个不法分子，穿着黑色的皮衣、皮裤，浑身都是拉链，怼天怼地、蔑视权威。但凡我们说这个孩子不好，儿子就会非常生气，为他的英雄辩护，批评我们。我们该怎么办呢？"

父母要尊重孩子的友情，并试着去了解他们的朋友。如果这些朋友身上有一些父母不想让自家孩子养成的习惯，就应该明确告诉孩子不要这样做。有时，父母会发现，孩子的那些朋友表面上看起来令人厌恶，相处久了却会让人心生喜欢。

青少年的迷恋可能是源于吸引（浪漫型），也可能是源于崇拜（认同型）。如果是结合了这两种成分的迷恋，就会形成一种高强度的关系。在大多数情况下，这种具有强烈影响力的体验往往会促进孩子的成长，并且通常是有益的，但有时不是。这就是为什么父母需要时刻对孩子的状态保持关注，千万别听之任之、视而不见。

第 11 章

校园暴力

"都是好孩子,为什么对待彼此能如此残忍?"

我在 2010 年写了一本书,叫《为什么好孩子会行事残忍》(*Why Good Kids Act Cruel*),想帮助父母更好地理解:到了青春期中期,同龄人在交往中的刻薄行为是怎么增加的;当子女受到恶意对待时,父母又该怎样帮助他们去应对。我还希望给中学老师们提供一些策略,以减少最可能发生在学校的社交暴力事件。下面我们要讨论的是:什么是社交暴力行为,为什么社交暴力会在中学增加,以及父母该如何应对。

什么是社交暴力

在操作层面上,我将社交暴力定义为五种故意伤害他人的人际行为:取笑、排斥、霸凌、造谣和围攻,它们会造成情感伤害并危及社会安全。社交暴力是如何给成长中的青少年带来伤害的呢?社交暴力有五种常见的战术,每一种都针对不同青少年的弱点和恐惧。

- 取笑。取笑指用侮辱性的方式羞辱对方。取笑利用的是青少年的自卑:"我有问题!"
- 排斥。排斥指以拒绝的方式来回避对方。排斥利用的是青少年对孤立的恐惧:"我没有朋友!"
- 霸凌。霸凌指用威胁或实际伤害来恐吓对方。霸凌利用的是青少年对软弱的恐惧:"我没有能力捍卫自己!"
- 造谣。造谣指通过传播诽谤言论和谎言来污蔑对方。造谣利用的是青少年对被中伤的恐惧:"我左右不了自己的名声!"
- 围攻。围攻指对某一个体群起而攻之。围攻利用的是青少年对被迫害的恐惧:"他们都针对我!"

无论以何种形式出现,社交暴力通常都会严重影响青少年在学校的表现。这是因为,当某个孩子成为社交暴力的目标或受害者时,他对学业的专注程度就下降了,此时他最关心的是怎样在这样恶劣的社交环境中熬出头。如果学校的环境让学生每天都战战兢兢、担心害怕,学生就根本不可能专注于教学内容并尽力完成课堂任务。学校越安全,学生就越有可能学好,越有可能表现出自己真正的实力。

中学的社交暴力

为什么社交暴力在中学时期会增加?到了中学阶段,几乎所有学生都会因为青春期早期(通常在9~13岁)的变化而变得不稳定。有三个原因会使青少年在发展层面变得更缺乏安全感,在社交层面变得更容易受到攻击。

首先,当青少年开始脱离父母的庇护,不再满足于只被当作孩子对待时,家庭会让他们感觉不再那么相容和舒适了,所以,他们需要另一个由朋友组成的"家庭",这种社交层面的归属感显得前所未有的重要。

其次，当青少年开始尝试新的形象和表达，希望以此区别于以往的儿童身份时，在不符合世俗规范的情况下，这种想变得"不同"的行为不仅是在试探父母的容忍度，还会使他们更难融入同龄人。

最后，当青少年经历发育期时，随着性成熟带来的身体和荷尔蒙变化，他们很容易感到不自在，感到对自己的身体失去控制，但又不得不带着那些无法自控的变化去学校，把自己展示于人前。

当然，大多数父母都明白，进入青春期后，青少年会追求更多的社会独立。然而，父母通常无法理解的是，这种独立感为何会让孩子在这个重要时刻切断与他们的联系，明明他们的理解和支持可以帮助孩子更好地面对这些新的社会挑战。在这个属于同龄人的世界里，青少年认为，像大人一样行事就意味着在不让父母知道或干涉的情况下自行解决。这几乎就像在他们的社交世界贴了一条标语，把父母拒之门外："大人禁止入内。"此外，他们在学校心照不宣的规则就是禁止检举同学。

因此，在应对日益增多的社交刻薄行为时，虽然明明可以从父母的支持和指导中受益，但已变得更有主见的青少年却放弃了这种帮助。伴随着这个决定的，是这样一种信念：无论在家里还是在学校，大人并不太清楚发生了什么，也不太关心发生了什么，对正在发生的事情也无能为力。那么，父母们该怎么做呢？

我认为父母应该跟孩子说清楚，他们其实是知道的，也是关心的，如果条件允许，孩子也同意，他们会采取一定的行动。"我们知道，在中学时期，学生之间的摩擦会比小学时期更多。说得具体点，所有人在努力建立社会地位时，都可能会面临更多的取笑、排斥、霸凌、谣言和围攻。我们不但希望你不要参与这些行为，还希望你能在遭遇这些时告诉我们，这样我们就能给你支持，提供可能的指导，甚至在你认为合适的情况下介入。一定要记住，在学校里与同学相处时，如果遇到上述任何一种情况，我们都在你身边，随时准备倾听和提供帮助。"

在这个极具自我意识、发展上没有安全感的年纪，一定要让孩子知道，父母什么都了解：今天还是朋友的人是如何第二天就对你不理不睬的；被人公然贬低是如何带来意外难堪的；魁梧强壮的学生是如何欺凌弱小的；当一个可怜虫遭到很多人戏弄时，人们是如何站队的；恶意谣言是如何毁掉一个人的名声的。

在这个年龄，每个学生都会受到这样的恶意对待吗？并不是，但我相信他们都目睹过。因此，一个社交暴力行为的出现就像一颗老鼠屎坏了一锅汤，会影响所有人，因为每个人都知道，发生在别人身上的事情也可能会发生在自己身上。所以他们最好小心谨慎，保持警惕。每个学生都参与了这种恶意行为吗？并不是，但他们都看到了情节或轻微或严重的例子，当他们选择明哲保身（这样就不会被针对）时，就是在纵容这种行为。

在最坏的情况下，严重的社交暴力可能会造成持续的重大影响。例如，受欺负的学生可能会在将来与人相处时变得唯唯诺诺，而欺负人的学生则可能会养成盛气凌人的习惯。在初中习得且在高中未被质疑的行为习惯可能会延续到成年。关于社交暴力所能造成的持久伤害，一些父母的言辞听起来令人难过。"在我们居住的社区，我们的女儿在中学时被任意欺负，这种恶意一直伴随着她上了高中。我们找过很多人，包括老师和校长，但没人对此采取任何行动。最后，到高二期末的时候，女儿再也受不了了，选择了退学。她找到了一份工作，然后拿到了同等学历证书（GED）。现在18岁的她已经恢复了足够的信心，选择在被伤害后继续深造。但这是一个极其艰难的过程，因为她付出了相当沉重的代价。"

当子女遭遇持续的社交暴力（即不止一次）时，不管持续时间有多长，父母都应该引起重视，因为这可能会严重影响被虐待的青少年对自己、他人和学校的态度。

父母对社交暴力的反应

那么，当孩子在学校受到不公平对待时，父母该如何应对呢？首先要考虑的，是不应该做什么。不要因为"这种事不太可能一直这样"而不相信它，不要认为它只是对寻常"小孩子打闹"行为的过度敏感或夸大，也不要认为这是孩子自己造成的，更不要把孩子受到的不公平对待视为针对你的，不要觉得自己是受害者。如果你这样做，就会把焦点从孩子受到的伤害上转移到你因他而感受到的伤害上。不要冲动地冲到学校去"解决"问题。干预应该是最后的手段，要在帮助孩子确定他是否可以动用足够的个人资源来平息事态之后，在孩子的许可之下，才能行动，因为你采取的任何行动都会影响孩子在学校的社交环境，而他还得继续在这个环境中生活。

说得更具体一点，父母能做些什么呢？可以考虑以下五个步骤。

1. 倾听。对于青少年来说，告诉父母自己被同龄人无礼对待是不容易的。在这个过程中，他牺牲了一些在社会独立方面的骄傲；承认了自己在某种程度上不受欢迎；泄露了通常属于同龄人世界的隐私，因为对父母"公开"了这个世界发生的事情，违反了不能出卖同龄人的校园守则；担心被恶意对待的经历会损害自己的形象。通过倾听，父母提供了理解和接纳，让孩子不再感到孤立无援。

2. 共情。作为社交暴力的受害者，会产生很多难受的感觉。可能有因被攻击而产生的受伤感，可能有因被无礼对待而产生的愤怒感，可能有不知道该怎么办而产生的无助感，可能有因担心安全而产生的恐惧感，可能有因在众目睽睽之下遭受苛待而产生的难堪感，可能有以为自己被这样对待是活该的自我厌恶感，可能有感觉自己"出了问题"而产生的羞耻感。通过共情，父母表达自己的关心并让孩子知道，父母对他的痛苦感同身受并充满关切。这会让青少年感受到情感上的支持。

3. 具体化。社交暴力造成的受伤感会使青少年情绪化地夸大那些带来痛苦的情境，不能客观认识发生的事。"总是这样！""所有人都这样！""他们都讨厌我！""我没有朋友！"通过把发生的事情具体化，父母可以帮助孩子恢复实事求是的态度。他们可以帮助孩子弄清楚到底发生了什么，具体参与者都有谁，什么时候发生的，事件发生的地点，以及这种情况发生的频率。通过具体化，父母可以将某一事件或多个事件锚定在现实中，防止情绪上的过度反应扭曲了孩子的看法。这就使青少年对这个问题有了准确的认识。是具体的那么几个人，在某个具体的时间内，以相同的方式，做出了刻薄的事情。

4. 制定策略。让孩子觉得自己只是运气不好被社交暴力盯上了，比让他们觉得自己是受害者要好。如果只是觉得自己被不幸盯上了，孩子会在选择时更慎重一些，以减少被挑中的可能；会在做事情时更小心一些，以主动避免被针对的可能。而如果觉得自己是受害者，孩子就会产生无助感，觉得自己没有力量做出主动的选择，无力挑战或改变受到的不公平待遇。为了具体说明当前的选择是什么，以及选择可能会改变什么，父母可以帮助青少年明确他在一个恶劣事件发生之前、期间及之后做了什么，以及他可以做哪些不同的事情。"当时我什么也没说，只是看着别处，然后向后退。我想下次我可以直言不讳地说出我不喜欢别人骂我，并当面告诉他们我不想被这样对待。"

显然，在应对社交中的不公平时，把自己看成"目标"比自认为是"受害者"有更多选择的余地，所以父母需要帮助青少年保持这个"目标模式"。然后，让孩子学一些新的方法，在暴力事件发生之前、期间及之后对付那些不怀好意者，阻止他们的刻薄行为。在充分的训练后，孩子就会获得新的力量，可以揣着一份如何应对暴行的新计划去学校了。

5. 评估。父母需要评估一下，孩子是怎样被卷入的，拥有哪些足以反抗恶行的力量。孩子是否在无意之中，阴差阳错地做了一些会招致或引发不公平待遇的事情？我们要知道，当孩子成为暴行的目标时，很多时候依靠他们自己的力量是不足以制止这些暴行的。如果青少年在社会安全和心理健康方面受到的伤害超出了限度，或者缺乏阻止暴行的资源，此时父母必须询问孩子的意愿，希望父母如何在学校为他们出头进行干预。父母要与管理部门、辅导员或教师会面，以阻止正在发生的暴力事件。如此，孩子就能得到成年人的保驾护航。

在中学，社交暴力的典型行为就是"霸凌"。因为它可能导致对受害者的人身伤害，或者使受害者在绝望中伤害自己，所以霸凌是最常出现在新闻头条的一种暴力行为。这类新闻可能会选择某一事件进行报道，例如某个被霸凌的学生受到了人身伤害或自我伤害，或出现了以暴制暴的行为。这样的报道令人遗憾，因为它掩盖的信息远比披露的多。当社交中的一些恶意行为转变为暴力时，如果媒体对这种极端行为进行耸人听闻的报道，人们的注意力就会被集中在冰山一角，忽略了那些每天都在发生但后果没那么严重的行为，使得其余四种社交暴力鲜为人知。绝大多数社交暴力行为从来不会成为新闻，学校工作人员和父母也往往会忽略它们，因为学生很少报告这种伤害，导致成年人很难看到这种伤害或对它们有所认识。

对那些热衷于通过摆布他人来宣告社交主导权的青少年而言，对他人的霸凌满足了他们内心的支配欲，这样的学生往往具有剥削、利用他人的倾向。霸凌利用的是他人的弱点和易受攻击的地方，特别是恐惧心理，目的就是为了让霸凌者感到自己很强大。霸凌者通常不是为了和人打架，而是为了轻松取胜。他们寻找的是那些会屈服、逃避、退缩的人。这就是为什么没有天生的恶霸。恃强凌弱者是那些在被欺负或威胁时甘愿屈服的人惯出来的。这也是为什么父母应该鼓励孩子在被霸凌者挑衅时捍卫自己。勇敢面对霸凌者需要勇气和自尊，当一个人做不到的时候，自尊会受损，甚至会引发羞耻感。

因此，父母要做的就是教导孩子，在受到这种侵犯时该如何反击。当你试图让孩子坚强起来，勇敢地迎接眼前的挑战时，可能需要对他做一些必要的指导。下面有 5 个建议。

1. 接纳恐惧。让孩子知道，心生恐惧并不是问题。恐惧是一种功能性的情绪，并非弱点，它提醒人们注意可能带来伤害的潜在危险。然而，人们往往会觉得说出自己的恐惧有点难以启齿，所以首先要感谢你的孩子诚实地对你说出他内心的恐惧，然后向他解释，在面对那些霸凌者时，虽然可以在心里感到害怕，但最好不要把这种害怕表现出来，因为这往往会鼓励霸凌者继续下去。当被欺负的人表现出害怕时，霸凌者会觉得自己很强大。那么，成为霸凌目标时，该怎么办呢？首先，思考一下在霸凌事件发生之前、期间和之后应该避免哪些行为。

2. 确定哪些事情不该做。问问你的孩子，会有哪些表现让霸凌者知道他害怕了。例如，孩子可能会指出诸如逃跑、闭嘴、哭泣、退缩、给钱或求放过等行为。表扬他知道哪些事情不能做，因为这些行为会使霸凌行为变本加厉或者鼓励霸凌者继续下去。接下来，要考虑可能采取的行动。

3. 确定哪些事情应该做。问问你的孩子，如果他没有感到害怕，如果他只是不喜欢被那样对待并希望对方停止，他会如何应对霸凌者。孩子可能会想到一些可以说的话，例如"闭嘴！""去找别人的茬吧！""我也可以动手！"等；还可能会想到一些可以做的事，例如逼近对方，用眼神直视对方，表现出自己的愤怒等。表扬他知道哪些事情可以做。接下来要考虑的，是让孩子做一些霸凌者意料之外的事情。

4. 让对方猜不透。问问你的孩子，霸凌者是如何预测他对霸凌行为的反应的。例如，孩子可能会说，霸凌者好像预先知道他不会告诉学校里的任何成年人，而是会乖乖把午餐钱掏出来，默认这种霸凌行为。然后问你的孩子："要让对方猜不透你，对你的预期落空，你可以怎么做？"孩子可能会说："不要给钱，告诉我的辅导员发生了什么，并说我不想再被勒索午餐钱。"当霸凌者得不到他们预期的反应时，他们通常会转而去纠缠别的目标。接下来要考虑的是，在捍卫了自己的权利后如何对待霸凌者。

5. 将关系正常化。问问你的孩子，他在学校是如何与一个熟识但不是好朋友的人相处的。如果孩子回答："我会问候他们，叫他们的名字，通常是以微笑示意。"你可以建议他在霸凌事件后以同样的方式对待那个霸凌者，"你不必采用别的互动方式，只要让他们知道你并没有刻意回避他们，而是把他们当成社交圈里的一个熟人就可以了。"

作为父母，当你的孩子不直接告诉你时（因为想表现得独立有主见或者害怕告发同龄人），你该如何判断他是否成了社交暴力的目标呢？可以寻找以下 6 种迹象。

1. 自尊心明显下降，会说一些贬低自己的话："我是个有问题的人！别人讨厌我，我也恨我自己！"这样的语言可能是一种信号，表明他认为自己受到不公平对待是活该。
2. 无法解释的上学焦虑，迟迟不能做好出门准备，或者不断找借口不去："我今天感觉不舒服。"可是又没有发现什么实质性的问题。
3. 在上学前和放学后，一些日常行为有了明显的变化，一般表现为情绪低落、焦虑、不愿与人交往、与人交流减少或易怒。
4. 信息（电话信息、短信和网络帖子）回复的内容大多欲言又止、意气消沉。
5. 有受到生理折磨或伤害的证据，如不明原因的瘀伤、衣服撕裂、随身物品被损坏、缺损或"丢失"。
6. 因为担心社交环境的安全而无心学习，导致成绩下降。

社交暴力侵犯了学生安全地接受教育的权利。如果我们坚信孩子应该有一个安全的家，那为什么不能坚持让孩子有一个安全的"第二"家庭，也就是他们度过大部分成长时光的学校呢？

如果你是一名中学教师，你可以在每学期开始时，就采取一些行动，去影响学生对待彼此的方式，比如，你可以这样说："作为老师，我希望班级有一个安全的氛围，所以，我要禁止下列5种行为：

禁止取笑：不要使用那种伤害他人感情的外号或标签。

禁止排斥：不要在社交上孤立别人，故意把别人拒之门外。

禁止霸凌：不要为了达到自己的目的而威胁或欺负他人。

禁止造谣：不要制造或传播卑鄙的流言蜚语。

禁止围攻：不要和别人合伙欺负任何人。

关于该如何对待彼此，我对你们的期望很简单，黄金法则就是：你希望别人怎样对待你，你就怎样对待别人。"

第四部分

青春期末期出现的问题（15～18岁）

表现得更成熟

青春期末期是一个既令人兴奋又让人害怕的阶段。此时青少年有机会接触到一些危险活动，如飙车、约会、恋爱、物质使用、性行为、兼职、社交聚会等，他们会参与其中，有时是被邀请，有时是被迫。这些行为就像一种成人仪式，经历过才代表获得了独立，所以青少年会被激发去参加大量属于成人的冒险行为。18岁就在眼前，这是一个脱离父母管束，让青少年越来越自由的年龄。他们需要表现得更成熟，并承担起成人的责任。

无论是在虚拟网络还是现实世界，青少年对成人自由的渴望都在日益增加，而每一种自由都需要更可靠的信息和负责任的自我管理，才能确保安全。这个时候，父母必须帮助孩子认清现实，学会如何规避风险、正确决策。

第 12 章

冒险与准备

"我可以像大人一样行事了!"

在高中期间,除了帮助青少年保持对学业的专注外,父母还有两项非常重要的教育工作要做:为青少年更具成人色彩的冒险行为做准备;为他们即将到来的功能性独立做准备。这是养育任务中两个极其艰难的部分,下面让我们从第一个开始。

做好冒险准备

青春期加强了青少年去自由体验世俗生活的渴望,这种追求从青少年决心与童年生活划清界限时就开始了。因此,在青春期早期(9～13岁),青少年对父母一贯的要求和约束变得越来越不耐烦,他们与父母的分歧越来越多,整天就什么该做、什么不该做和父母争论不休,这其实是他们表达受挫感的方式。在青春期中期(13～15岁),青少年的朋友圈开始与家庭争夺对他们的影响力,同龄人群体为生活中更多的冒险行为提供了集体动力和支持。这个时期，青少年会在同龄人的陪伴下去尝试一些落单时不会做或不敢做的事情。

高中阶段大致涵盖了青春期末期（15～18岁），在这个时期，让青少年理解自由的重要性和严肃性变得更加迫切，因为他们正在尝试一些更具成人色彩、具有严重危险性质的行为，比如开车、约会、兼职、性行为、参加派对和物质使用。在高中，青少年参与冒险活动的风险明显增加。出于这个原因，父母需要提高警惕，出言告诫，尽量减少孩子可能参与的危险活动。

进入高中后，青少年会变得越来越懂事，离真正独立就不远了。到了18岁，许多成人权利在法律上得到了承认。他们拥有了自己的教育和健康档案，可以参军及获得其他工作，有权在政治选举中投票，可以未经父母允许做一些具有重要象征意义的事情（那些标明"合法年龄"才能做的事），如文身或打耳洞等。在法律上，他们已经是成年人，而非青少年了。

在多年的咨询实践中，我看到很多青少年因高中时的冒险行为而受伤的案例。其中一些决定性因素包括在错误的时间、错误的地点做出错误的选择；行动太快来不及思考；为了表现得勇敢而无视危险；心灰意冷之下对什么都不在乎；因害怕而无法拒绝参与危险活动；愤怒之下控制不住脾气；在使用物质后、脑子不清醒的状态下做决定；将是否冒险的决定权交给别人；盲目否认伤害的存在，认为自己百毒不侵；为了摆脱无聊而愿意做任何事情，只要能放松；为了兴奋感而寻求刺激；为了名誉而接受挑战；为了归属感而与同伴共进退。

高中生的一个重要动机就是更"成人化"。尽管父母和青少年在这一目标上通常是一致的，但他们对这个词的理解可能大相径庭。父母认为青少年应该承担更多的成人责任，而青少年则认为应该经历更多的成人冒险。青少年可能骨子里就是赌徒。他们渴望大胆尝试一些更成人化的东西，甘愿以自由为赌注。青少年的成长离不开大胆的冒险、对未知的尝试和对机遇的把握。青少年的运气常常好得不可思议，至少根据我在咨询中听到的大量侥幸脱险、死里逃生和奇迹生还的故事是如此。当谈到青少年冒险时，运气无疑是他们最大的守护神，不幸的是，运气也是他们最大的施害者。鉴于现实中有那么多更具威胁性的冒险行为，有哪些方法可以增加他们的运气呢？下面，我们来讨论一些在鼓励孩子谨慎决策时父母可以用到的策略。

- 父母可以告诉孩子，人生如同买彩票。"你在生活中所做的每一个选择都是一场赌博，因为所有结果都是由许多未知因素决定的。你做出选择，以你认为最好的方式去行动和反应。你听天由命，永远无法预测最后结果会如何。无论好坏，你都要承担后果。谋事在人，成事在天，对于发生的事情，你只能承担你能够承担的责任。你从错误中学习，也从正确中学习。然后你做好再次做出选择的准备，因为选择、运气和结果就像赌徒的链条，束缚我们终生。"

- 父母可以告诉孩子，担忧具有积极的一面。在高中阶段，"别担心"并不是一个好的建议。更好的建议是："用担忧来保持对可能出现的问题的警惕。通过提前思考并问自己两个基本问题：'如果……会怎样？'和'设想一下……会如何？'，也许可以让你制订一些应急的行动计划，以防不时之需，'如果事情变得不妙，我可以这样做。'"

- 父母可以告诉孩子，担忧如同"守卫"。"担忧是警告，它预见到了危险；担忧是先发制人，它提前考虑到了可能的后果；担忧是谨慎，它让决策过程慢下来；担忧是预防，它让人预先采取防范措施；担忧是保护，它提示人早做准备。虽然担忧并不是一件有趣的事情，但在高中阶段，一定要保持你的'忧患意识'。有针对性的担忧可以避免很多问题。"

- 父母可以告诉孩子，要勇于对抗群体思维。他们可以向孩子解释，在集体行动时，每个成员都被裹挟着，随着众人一起去参与独自一人时永远不会参与的冒险行动，这会导致每个人都意识不到在行动中应承担的个人责任。不管是情势所迫，还是从众压力，两者都让人难以抗拒。在这样的时刻，能独立考虑，能为自己考虑，能因更明智的判断而拒绝附和，往往需要比接受冒险更大的勇气。父母可以这样说："朋友们想做的事情不见得明智，也不见得正确。"

- 父母还可以告诉孩子如何抵制眼前的诱惑。建议他们时刻牢记更远大的人生目标，不要被眼前的利益蒙蔽双眼。"不要只活在当下，不要做出短视行为，否则过往付出可能付诸东流，重要的人生规划也会落空。远大的目标可以帮助你分清轻重缓急，做出正确选择。那些不顾将来、只图眼前痛快的行为会让你付出沉重的代价。所以，不要为眼前的诱惑牺牲你的未来。"

- 父母可以鼓励孩子进行常规的风险评估。他们可以建议，当面对有社会支持但可能不太明智的行动时，最好花点时间考虑一下可能出现的结果。让青少年知道，所有选择都是有后果的，在他们不假思索地被一些让人热血沸腾的想法牵着鼻子走之前，用不到一分钟的时间询问自己四个问题：

  "我为什么要这么做？"

  "有什么危险？"

  "这点好处值得冒险吗？"

  "如果我继续下去，万一出了问题有什么应对策略？"

- 父母可以让孩子了解，青少年有哪些常见的错误认知。因为被一些流行的说法误导，再加上同龄人的怂恿，他们会做出一些不当的行为。例如，"喝啤酒不会让人醉。""你不会对大麻上瘾的。""如果只是闻闻，不吞下去，就不会有事。""如果你还在上高中，警察就只会给你一个警告，然后放你一马。"和青少年谈及任何高风险话题时，可以问他们："关于这种行为，你的朋友会怎么说，他们是怎么告诉你的？"有了这些信息，父母就能胸有成竹地做出回应。"没错，你可能不会因为第一次入店行窃而被判入狱，但你肯定会被带上法庭，受到警告。"

说到冒险问题时，青少年的反应可能让父母很恼怒。"哦，你们担心得太多了。我知道怎么照顾自己。我什么都知道。不会有什么坏事发生在我身上的！"青少年此时对风险持完全否认的态度，具体表现为对危险视而不见，对父母的警告充耳不闻，说话时信心十足。然而，在大多数情况下，这不是自信，而是虚张声势。在这个新世界里，所有的选择都让青少年感到害怕，但又骄傲得不愿承认，如果不极力否认危险存在的可能性，他们就不敢去尝试着冒险。

冒险 = 冲动 + 否认危险，这是青少年成长的一个公式。这就是为什么父母不应与这种"否认"争辩，而是应该接受它，然后继续与孩子讨论他们的提醒和担忧。父母现在要做的不是去干涉孩子的选择，而是提供信息。"我们不是要改变你的想法，怎么考虑是你自己的事。我们只是提出建议供你参考。"有些青少年似乎比其他人更容易冲动，更无视危险，父母应该和这些天生爱冒险的孩子加强沟通。

所以，也许有的父母会这样说："我知道你认为没有任何需要担心或焦虑的必要，但我认为有。作为你的家长，我的一部分责任就是帮助你考虑各种可能性，并做好应对准备以防万一。我不是不信任你，而是不信任这个不可预知的世界，因为一切伤害都有可能发生。所以，以后我们会经常讨论如何提前做好安全防范，因为你会面对越来越多的新情况。"

就像对童年期的孩子一样，父母对青少年仍然有警告的义务。这不是"直接吓唬孩子"或"直升机式教育"，也不是"成年人恐吓"，这是一种负责任的养育方式，父母借给青少年一双更老练的眼睛和耳朵，帮助他们更全面地意识到各种可能性。"把我们想象成你肩上的另一个大脑，帮助你再三思考有哪些事情是你想做的，又该如何相对安全地去做。"

青少年的年龄会影响他们进行理性冒险的能力，因为心理能力是随着身体的成长而渐趋成熟的。要做到理性冒险，就需要延迟满足至足够长的时间，以便花时间提前思考、评估危险并明智地制订计划。因此，在发展层面上，高中生比冲动的初中生更理性，而大学生则更胜一筹。不管出于什么原因，一些青年人似乎比同龄人成熟得更快或更慢。对那些成熟得相对较慢的青少年，父母通常不得不延长他们的监督和指导。当然，当青少年受到物质（如烟、酒、毒品等）影响时，又另当别论，因为在这种情况下，自我调节能力通常会降低，致使他们做出冲动、不成熟的决定。

几乎所有青少年都过着双面生活（一种是父母知道的，另一种是父母不知道的），而冒险行为通常属于父母被蒙在鼓里的那种。所以父母可以这样解释："我们对你正在做的事情知道得越多，当你需要帮助时，我们能做的就越多。"当然，对于接近成年的孩子，父母的期望可能是复杂的。他们希望孩子主动告诉自己，同时又希望自己不用操心。知道自己宁可不知道的事情需要勇气。"虽然我们希望你在这个年龄没有性生活，但既然你已经告诉我们你有，那就让我们来谈谈，你该怎么保护自己，不让身体和感情受到伤害。"

训练独立能力

关于如何教养高中阶段的孩子，一位在青少年领域工作了多年的中学辅导员给了我很多建议，其中最好的一条是，"孩子进入高中后，父母有很多工作要做。他们只有 48 个月的时间，来让孩子做好准备以承担比过去更多的责任。"我同意这种说法。要让孩子做好毕业之后独立的准备，四年的时间并不多。因此，父母在高中阶段的重要目标，就是培养一个有足够自我管理能力的青少年，让他们在最短的时间内走向独立。

上完高中或结束学业后，青少年开始更多地依靠自己，有的虽然和父母生活在一起但也开始自食其力，有的离家工作并与朋友合租公寓，还有的上了大学住在集体宿舍里。我把青春期的最后一个阶段称为"试独立期"（年龄从18岁到23岁），并认为这是青春期最具挑战性的一个阶段。高中时期是否获得了充分的准备训练，会导致巨大的差别。

父母该如何帮助高中生做好下一步的准备呢？可以考虑下面四种方法：设定合理目标、移交父母责任、锻炼生存能力以及承担选择后果。

设定合理目标

父母可以帮助上高中的孩子好好思考一下，毕业后打算做什么，比如，是发展某种兴趣、参加实习、找工作还是继续接受教育。父母可以创造实地考察的机会，让孩子身临其境地感受一下，他想象中的兴趣、职业或教育是什么样子。

想好下一步该怎么走之后，青少年就锚定了未来，有了成长的方向，知道什么最重要。"我不想做任何可能危及将来的事情。"此外，未来的目标可以激发现在的努力。"为了实现目标，加油。"

移交父母责任

为了帮助青少年承担起更多的自我管理责任，父母可以列出一些孩子可以做但通常是由父母包办的日常事务，并开始交给他们自己去完成。父母可以问自己："日常为孩子做的哪些事情是他可以自己负责的？"列出这些事务，无论多么琐碎，比如早上起床、提醒上学时间、洗衣服等，让孩子开始练习自我管理，出了问题时自己负责。如果孩子说："你没有提醒我！"父母应该这样回答："对啊，我们不是说了嘛，你得自己记住该干什么。"

锻炼生存能力

进入高中阶段后,父母就要开始培养孩子的生存能力了。父母应该提前思考并问自己:"当我们的孩子毕业时,他需要具备什么样的常识、本领与能力,才能成功实现独立?"父母要将这些能力具体化,然后再问自己:"在由我们照顾的这最后四年里,我们要在何时以及如何教导孩子管理他需要管理的一切?"以财务管理为例,"既然将来他得自己挣钱、存钱、做预算、储蓄、付账单,那在高中这几年里,趁着他还住在家里,我们该在什么时候让他开始锻炼这些理财能力?"据我所知,那些在高中就学会了理财技巧的青少年,离开家后会因懂得如何挣钱、制订计划、延迟满足、分清轻重缓急、履行义务而受益匪浅。

承担选择后果

在青春期,承担责任的能力来之不易,也许是在处理不明智选择的后果时积累的经验,也许是在错误中受到的教育,也许是来自血与泪的教训。在孩子马上就要走向独立时,父母会面临一个难以抗拒的诱惑:为了让孩子免受惨痛教训,在前进道路上少一些负担,他们会忍不住过早出手相助,"他真的是一个好孩子,我们不想看到他受伤。而且,他也答应不再这样做了。"问题是,轻易许下的承诺也会被轻易遗忘。结果越苦涩,印象就越深刻。让孩子为错误的选择承担后果,但从中得到宝贵的教训,这是值得的。

在养育高中孩子时,一个常见的疏忽是把过多精力放在如何保持优良成绩、如何找工作或继续教育上(都值得成年人关注),而忽略了对独立的准备训练。"只有短短的 48 个月。"这是前面提到的那位辅导员的警告。在这个时间框架内,父母必须让孩子做好自我管理更多自由和责任的准备,掌握比以往任何时候都更多的基本生活技能。

第 13 章

约会与浪漫

"只和一个人约会在社交上更简单，但也更复杂。"

人天生就是要成双成对的，每个人都渴望找到一个心爱的伴侣，携手走过成年的旅程，建立家庭、生养下一代。尽管大多数青少年并不是眼下就要找一个终身伴侣，或在青春期末期就要孩子，但他们确实在试着建立更严肃的关系。他们开始约会了。所以，这一章接下来要讲的，就是为什么要约会、如何安全地约会、恋爱中的花前月下、如何健康地约会、约会的其他形式以及坠入爱河。

为什么要约会

虽然并不是所有人在高中阶段都会约会，但大多数青少年的约会确实在高中时期就开始了。当一个人鼓起勇气邀请另一个人一起出去度过一段特别时光时，这就是约会。因为约别人需要勇气（担心被拒绝），接受邀请也需要勇气（会感到不安），所以早期约会可能会让人有些焦虑。"我穿什么好呢？""我该怎么说呢？""我们该做些什么呢？""会很有趣吗？"和你很熟悉的人约会是最放松的，尽管有时和一个"朋友"约会可能会因双方的感情不对等而让一段原本美好的友谊变得让人不自在。

约会是一个很大的进步。以约会对象的身份出现，是一个必要的社交步骤。它是一种社会性独立行为，是对社交吸引力的肯定。它表明约会双方已经做好进入一段成熟关系的准备，可以开始成熟的情感和活动了。当你选择和不太熟悉的人"出去走走"，而不是和一个朋友"一起逛逛"时，就意味着你的社交达到了一个新的水平。约会是一种社会选择，需要一定的勇气，因此需要自信和努力才能成功。

安全的约会

大多数父母对青少年的约会都保持警觉，他们可能面临一系列新的担忧：安全、物质使用及性行为。这种"更成人化的关系"会发展得多快、走得多远？这绝对是一个父母表达担忧和提出要求的时候，而且大多数人都这样做了。如果孩子要开始更成人化的社交行为，父母通常认为有必要和他谈谈成人该承担的风险和责任，尤其是女性的风险和男性的责任，因为在最糟糕的情况下，女性更容易受到身体上的伤害。

青少年有时会说起父母在孩子开始约会时的反应。例如，一个十几岁的儿子这样总结他的单亲母亲直率的表达："你有责任把约会的任何女人视为这段关系中的客人。这意味着你要尊重和关心她，就像你希望与我和你妹妹约会的任何一位男人应该做的那样。这样说你明白了吗？"显然这个少年已经明白了。

还有一个20多岁的年轻女子，她这样描述父亲对她约会的反应："我爸爸是个奇怪的矛盾体。他敦促我去尝试新事物并不断进步，但我这么做的时候，他又会在旁边指手画脚。在我成长的过程中，他盯着我一刻也不放松，不过总的来说这些还是能让人勉强接受的，除了我在高中约会的时候——他的反应真让人受不了！每次我和男生约会，他都会做一些让我非常尴尬，甚至觉得丢脸的事情。我以前很生他的气。'爸爸，'我抱怨说，'你看看我的朋友，谁的爸爸会在女儿约会时这样做啊？我讨厌这样！'可他只是笑嘻嘻地表示同意，'宝贝，我知道你讨厌这样，但这正是一个父亲应该做的。'他做了什么事情呢？我称之为'带我的约会对象去厨房'。具体情况是，首先，他必须要和我的约会对象见面，即使对方以前和我约会过。他总是会对那个家伙表示欢迎，会和人家握手。然后，在聊一小会儿天，讨论完晚上的计划后，他会说'和我到厨房去待一会儿，可以吗？'对方当然会同意。我很快就从约会对象那里得知了他所说的，因为他总是说同样的话。'我很感谢你今晚带我们的女儿出去。我想让你知道，她对我们来说是无价之宝，我们把她托付给你暂时照看。我们希望她能安然无恙地准时回来。如果你们遇到任何意外，或需要任何帮助，请给我们打电话。我们会一直在这里，等着她回来。你明白吗？谢谢你！现在我希望你们俩一起度过一段美好的、负责任的时光。'所以你可以想象，就因为我爸爸，我的每次约会都是草草结束，但他依然我行我素。为此，我心里一直对他有埋怨。不过，后来我一个人在外生活好几年后，对那些行为的看法发生了改变。也许是因为我已经成熟了，成熟到足以理解那些做法的深意，并对此充满感激。我有一些朋友在高中时代有过很糟糕的约会经历，有些后果甚至极其严重，但我从来没有经历过，一次也没有。在整个高中时代，我和很多男生约会过，一直都很安全，这在一定程度上要感谢我爸爸。"

以下是父母在子女约会时可以考虑的一些安全策略，排序不分先后。

- 和你已经认识的人约会可能比和不了解的人约会更安全。
- 集体约会可能比周围没有其他伙伴的单身情侣约会更安全。
- 与年龄相近的人约会可能比与年龄更大、更有经验的人约会更安全。
- 围绕计划好的活动来安排约会，可能比毫无规划、一切未定的约会更安全。
- 在必要情况下，只需一个电话父母就能赶到的约会，可能比没有做任何准备的约会更安全。
- 不吸烟喝酒的约会比吸烟喝酒的约会更安全。
- 在午夜之前结束的约会，可能比持续到凌晨的约会更安全，因为这段时间内人们的警惕性可能会变得更加松懈。
- 关注朋友告诉你的关于约会对象的事情，比忽视他们的话更安全。
- 当你感到怀疑、不信任或有危险时，相信你的本能可能比否认你的不适更安全。

浪漫的约会

让男女约会变得复杂的是，双方都在练习一种更成熟的性别角色，想在彼此面前表现得更"女性化"或"男性化"，这是他们以前从未尝试过的。许多青少年在小学甚至中学期间与异性的有意义社交接触非常有限，主要是与同性朋友待在一起，从对方那里了解到的大多是对异性的刻板印象或笼统的印象。

"男孩子喜欢冲动。"

"女孩子喜欢嬉闹。"

"男孩子没心没肺。"

"女孩子情感丰富。"

"男孩子不爱说话。"

"女孩子话太多了。"

假设一对少年男女的第一次约会是去看高中橄榄球赛。这是一场当地的盛会，如果想了解大多数人心目中"男性化"和"女性化"的定义以及两者之间的区别，这里一定会让你大开眼界。在人群中，青少年可以看到男女之间的巨大差异。强壮的男孩像角斗士一样高大健硕,在对抗性运动中你追我赶、咄咄逼人;漂亮的女孩则穿着合体的服装,身段窈窕、吸人眼球,用她们的舞姿来鼓舞男性运动员的斗志。当然,广告和大众媒体还会不遗余力地推出具有理想身材的年轻女性和男性,他们轻松自如地在一起度过美好时光,画面中完全没有许多青少年约会中的尴尬。不过,对许多青少年来说,早期约会确实能让他们开始过往不曾有过的成熟的社交伙伴关系,并因此在与人交往时变得更加自信。

当然,约会关系会随着彼此关心的程度而改变。它可以从兴趣("她的微笑吸引了我的眼球")到吸引("他笑起来很好看"),再到享受("我们一起玩得很开心"),到喜爱("我喜欢我们手牵着手"),到迷恋("我脑子里没有别人"),再到浪漫("我梦到我们在一起"),最后爱意盛开("我们特别在意彼此")。

在约会中,投入和得到的关心越多,这段感情就越复杂。如果这段关系发展到迷恋/浪漫/爱情阶段,父母就必须进行密切关注了,因为此时发生性行为的诱惑会变得越来越大。他们要权衡青少年发生性行为的可能性,因为性是一种能引起兴奋并产生亲密的反应,是一种在身体、情感和关系层面都会产生后果的责任。即使父母明确表态他们反对孩子在这么小的年龄发生性关系,并采取行动推迟这种可能性,但随着孩子的成长,他们最终不可避免地要面对关于性的问题,要和孩子讨论该采取的安全措施。为此,他们可以和孩子讨论何为健康的关爱关系,以及带有关爱性质的健康行为又是什么样的。

当与另一个人的感情从迷恋发展到浪漫,直到产生爱的感觉并希望与对方发展出更持久、更亲密的关系时,这段感情就会变得越来越难以驾驭,越来越让人无所适从,从而产生强烈的危机感。关系中对彼此越在意,处理起来就越复杂,因为亲密关系有两个很高的要求。一是两个人要有共鸣、能彼此做伴,这是比较简单的;二是以求同存异的方式来解决彼此之间的分歧,这是比较困难的。如果能将两者结合起来,就可以使这段感情更牢固。年轻情侣之所以会因疏远和不容而分开，正是因为无法做到这一点。因为迷恋、浪漫和爱这些情感对人的影响太大了，很容易让人失去客观的视角和理智的判断，从而茫然失措。

健康的约会

当青少年对一段正在发展的感情感到沮丧、不确定、困惑、受伤或矛盾时，父母的共情和不带偏见的帮助可能是有力的支持。他们可以给孩子提供一些框架，让他好好思考一下，一段健康的爱情关系的本质是什么，在爱情中哪些行为才是恰当的，帮助他理解这段关系，并指导他做决定。为此，父母可以从以下几个方面与孩子进行讨论：对待、对等和平等。

对待

在一段互相关心的重要关系中，青少年对待彼此、对待自己的方式很重要。越是在乎，感情上的风险就越大，他们就越得小心自己和对方的行为。为此，对下面这四个关于如何对待彼此的问题，他们的答案必须是肯定的，这段关系才算正常。

> "我喜欢在这段关系中对待自己的方式吗？"
> "我喜欢在这段关系中对待另一方的方式吗？"
> "我喜欢在这段关系中对方对待我的方式吗？"
> "我喜欢在这段关系中对方对待自己的方式吗？"

例如，我把自己视为一段平等关系中的一方；我认为关系中的另一方是值得倾听的；在我情绪低落时，对方能感同身受；在我们相处不好时，对方能主动承担相应责任，那么这段关系听起来还不错。

然而，我在这段关系中把自己看得低对方一等；我主动地顺从另一方；当我们意见不一时，对方会变得有敌意；对方自认为有权为所欲为，那么在这段关系中可能有些问题需要解决。

在乎与爱从来都不是苛待他人、被他人苛待或苛待自己的好借口。因为双方对待彼此的方式决定了一段关系的质量，青少年有责任监控这四个关于如何对待彼此的问题，以确保这段感情是在以建设性的方式发展。

对等

一段彼此在乎的关系是什么样的呢？就是不管在什么时候，两个人都是两情相悦的，并且希望这段感情天长地久。但一段感情的结果往往很复杂，因为现在他们必须在这段属于两个人的关系中处理三种矛盾的利益——我、你和我们。两个人的关系要顺利发展，这三种利益缺一不可，但很多时候都顾此失彼。当其中一个人认为这段感情不对等时，可能会发出下面的抱怨。

"这段感情全是你说了算！"在这种情况下，一方会觉得太多东西都是对方说了算，所有重要决定都是对方在做。"你想做什么我就做什么，你想做什么我们就做什么！"

"这段感情全是我在维持！"在这种情况下，一方会觉得自己为引导和维持这段关系承担了太多责任。"不管我做什么，你做什么，我们做什么，总是需要我来做决定！"

"这段感情里我们完全不分彼此！"在这种情况下，一方会认为在这段关系中好像没有个人生活。"我们做什么都在一起，我们什么时候都在一起，我也需要自己的空间！"

"你忙你的，我忙我的，我们完全不像情侣！"在这种情况下，一方会觉得自己与另一方接触不够，分开的时间太多了。"你做你的事，我做我的事，我们几乎没有时间在一起！"

无论什么时候，只要关系中的任何一方表达不满，认为在关系中不对等，就需要讨论并重新协商这段关系了。通常情况下，当一方认为不对等时，这段关系对双方而言就是出现问题了。

平等

平等是指双方做出足够的努力来维持在关系中的平等地位。这意味着：

- 有足够的互惠，所以每一方都对彼此的利益及共同利益做出了有价值的贡献。
- 有充分的体贴，所以每一方都通过那些细微的礼貌和温柔的举动来呵护对方的感受和幸福，这对双方的关系极其重要。
- 当双方的需求出现分歧时有足够的妥协，因此双方会放弃当前的自身利益，寻找双方都能支持的共同解决方案。

父母给孩子的最重要指导也许就是如何做好预防措施。心里越在意，情感就越脆弱，最爱的人能将你伤到最深。一定要记住，爱并不意味着另一个人有伤害你的权利，并不意味着你有接受苛待的义务，也不会让你有心或无意伤害对方的行为变得无所谓。因此，当不可避免的伤害发生时，必须坐下来讨论。在那些让人痛苦的场合，表达懊悔、道歉，甚至做出补偿，都是不够的，除非你承诺改过自新："我再也不会这样做了。"

毫无疑问，任何性行为都需要经过双方同意，绝不能耍手段、胁迫或受物质使用的影响。因为亲密的性行为通常会产生情感上的亲密，可能会让人分不清是性还是爱。父母最好提醒那些被爱冲昏头脑的青少年，发生性行为并不意味着爱，就像感受到爱并不需要发生性行为一样，而且，发生一次性行为并不意味着一定要再次发生性行为。

从发育期开始，两性之间的性吸引和性冲动会让人产生强烈的情绪波动，性兴奋往往让人失控。在这种情况下，对那些大龄青少年来说，尤其是在性活跃的大学时期，要一直保持双方都自愿的性关系可能是一个挑战。以自我为中心和被误导的思维可能会导致强迫和归咎于受害者的情形发生。"如果我兴奋了，那你也一定兴奋了。""既然你让我兴奋了，就该满足我。""让我兴奋是你的错!"不,要对这种兴奋负责的是你自己!

尽管父母恨不得这种情况永远不要发生,但当一段爱情中对性的渴望蠢蠢欲动时,还是要与孩子讨论一下性行为中你情我愿的问题。如果要让双方都甘之若饴,

- 需要有足够的互惠,能给双方带来快乐;
- 需要有充分的体贴,能照顾到彼此的感受和安全;
- 需要有充分的妥协,能遵循共同的意愿——做什么以及不做什么。

当然,在性行为得到允许后,每个人仍有权利改变想法并让对方尊重这种改变。

青少年可能会问:"但我怎么分辨我的伴侣是否真的同意呢?"这并不复杂。首先,要确保此刻的关系中没有压力,没有饮酒嗑药。接下来,先不要急于行动,要直接询问对方一个问题:"你真的愿意发生性行为吗?"耐心等待对方的答复,然后再继续或按对方的意愿停下来。在征得对方最初的同意后,还必须尊重对方可能发生的心意改变。当涉及性同意时,一定要花点时间来问清楚你需要知道的问题。

约会的其他形式

性取向的变化会使约会更具社会性挑战。在青少年正建立性身份认同的年龄,如果疑心或发现自己是同性恋(被同性吸引),他们会发现自己要面对的实在是太多了,这个世界的主流是异性恋——女性被男性吸引,男性被女性吸引,那些不符合这种主流恋爱形式的人将不得不背负各种刻板印象、骂名以及攻击性调侃。高中通常是一个更"恐同"的地方,宣布自己是同性恋者或跨性别者可能会很可怕,也许会很不安全,所以这样的人通常会在一定程度上保守秘密。

由于存在这种社会危险，在大多数情况下，青少年通常不会在高中阶段"出柜"，而是推迟到青春期的最后阶段，此时他们多半已经高中毕业并离开了家。他们在高中时隐藏自己的性取向，看到那么多来自社会的敌意、诋毁性言语、对同性恋者和跨性别者的攻击性调侃，这足以使他们对现在和未来产生很多合理的恐惧——如果被人发现了，怎么办？有些焦虑会成为一个人日常生活的一部分。

青少年见识过四种常见的社会虐待行为（偏见、歧视、骚扰和共谋），是怎样压迫其他被边缘化的"社会少数群体"的，而这些行为很可能会指向他们，因为他们在性取向上是少数群体。

- 偏见的杀伤力在于让人自卑："你不如别人好。"偏见最糟糕的影响是它是自我否定的毒药："我有问题。"
- 歧视的杀伤力在于把人限制在一个狭小的社会圈子里："我遭到了禁锢。"歧视最糟糕的影响是剥夺了平等的机会："如果人们了解我，就会排挤我，让我难以成功。"
- 骚扰的杀伤力在于以伤害相威胁："我得小心点。"骚扰最糟糕的影响就是令被骚扰者时时刻刻都有一种危机感："有些人就是要整像我这样的人。"
- 共谋的杀伤力在于纵容，不受直接影响的大多数人会忽视和认可那些不公平的待遇，导致那些被针对的少数人得不到保护："目击者们只会视而不见。"

共谋最糟糕的影响是，旁观者的不发声和不作为默许了少数人群继续遭受虐待。这在一定程度上是由于不够在意（"我们不是他们"），以及害怕偏见、歧视和骚扰会针对敢于直言的旁观者。在某些方面，这个时代对同性恋者或跨性别者的态度已经发生了变化，尽管在许多方面仍然大同小异。

父母可以让孩子知道，他们理解作为性少数群体面对的各种压迫性的社会伤害，如果这些伤害发生在子女身上，他们随时准备提供支持和维护。关于告诉父母并获得他们的情感支持，青少年需要知道的是，父母的爱不会因他们的性取向或其他任何东西而改变。"我们会永远爱你，会在你身边帮助你、支持你，和你一起解决问题，如果你受到不公正待遇，我们会和你站在一起。"如何告知那些极其死板、不宽容或爱评判的父母自己的性取向是一件难事。父母一定要记住，身为同性恋者或跨性别者，高中生活可能是一段非常孤独和脆弱的经历，极有可能伴随着焦虑、孤独、沮丧以及令人遗憾的高自杀风险。所以，如果十几岁的孩子告诉你他是同性恋者或跨性别者，或者你怀疑他是，你对他无条件的爱可能是最后的救命稻草。

坠入爱河

坠入爱河会让人感觉很意外，因为它通常不是计划好的。虽然大多数青少年在高中没有谈过恋爱，但也有少数人经历过，而且当他们体验到情爱时，对情感和性亲密的渴望往往会增加。在大多数情况下，爱上一个人需要时间。有些场合会让两个青少年有机会接触，彼此产生兴趣，慢慢被吸引着走近，迸发好感，产生迷恋，最后绽放出爱的花朵，在彼此充满爱意的眼光中，对方就是完美的化身。

这是一种强烈的情感觉醒，他们很开心有彼此的陪伴，并渴望有更多机会在一起。一开始的时候，恋人间满心都是彼此有多少共鸣，为何如此合拍，对彼此的吸引力有多大，在一起会有多快乐。然而，当某些事情阻碍了感情的进展时，就开始有了烦恼。这个时候，一些不受欢迎的分歧出现了，威胁到了他们之间的和谐。"当我们意见不一致时，他完全不考虑我的意见。""她不记得自己承诺过什么。"

此时，他们可能会担心这段感情不再完美，感觉爱意在慢慢消失。这就是爱上一个人的痛苦教训：完美的爱情不会长久。

爱情会以两种常见的方式扭曲现实。每个人都会将自己的理想投射到对方身上。"我一直想和一个充满快乐的人在一起，我总是看到他阳光的一面。"每个人都努力想让自己达到对方理想中的要求。"我只是想表现得知足常乐，让爱人看到他想要的积极态度。"与其说这些感情不诚实，不如说是一厢情愿地想要延续爱情带来的愉悦。

当恋爱中的一方或双方爱意消退、原形毕露时，就可以决定结束这段关系了。"她并不像我一开始认为的那么出色。""他和我想象的完全不一样。"

爱情失去了光彩。当难以平衡爱情中常见的紧张关系时，失恋就发生了。

- 待在一起的渴望与需要分开的现实产生矛盾。
- 因为占有欲，对其他关系的嫉妒会战胜爱情、侵蚀信任。
- 如果一方出轨，诺言就会被打破。
- 为尊重各自保留私生活的愿望，可能会从早期的无话不说变得有所保留。
- 各自的利益可能会妨碍共同的利益。
- 为了感情而放弃的自由可能会变成无法承受的负担。
- 占有欲会让人过度控制。
- 冲突会造成伤害。
- 恋爱中的一方会逐渐清醒。

有很多原因会造成分手。

当恋爱关系破裂时，尤其是当自家孩子是那个心碎的人时，父母绝对有必要加以密切关注。父母必须检查孩子是否有抑郁反应或侵犯行为。问题的关键在于被拒绝的一方如何处理痛苦。例如，失恋的痛楚会让一位年轻女子感到生命中所有有价值的东西都被夺走了，这使她陷入了抑郁。有时候，一个骄傲的青少年会把被拒绝的痛苦转化为愤怒，用严重的攻击手段来报复他以前的爱人，从攻击名誉，到骚扰，甚至人身攻击。为了防止这样的结果出现，父母需要在情感上给予支持，帮助孩子从被拒绝的伤痛中恢复过来，在孩子接下来的青春岁月里多加照看，以确保这一次的分手不会给他造成进一步的伤害。

既然爱情无法永恒，那么青少年应该因此而避免在高中阶段谈恋爱吗？我认为不是。虽然青春期的初恋通常难以持久，但拥有一段真正彼此在意的关系可以产生持久的影响，特别是当在这段关系中学会了积极对待彼此、充分的分享和基本的互利互惠时。尽管爱的魔力可能会逐渐消失，但青春期的爱情会让青少年变得更成熟，这段美好经历所带来的有益经验会保留下来，让以后的感情生活受益。

第 14 章

物质使用

到了高中阶段，物质使用可能在青少年的世界里出现得比较频繁，父母应该对此做好心理准备。就青少年物质使用的问题，下面大致罗列了一些父母要接受、了解、小心提防的事项，以及该说什么、该在什么时候采取行动。

需要接受的

坏消息是，在青春期末期（高中阶段），大多数青少年已经接触了一些精神活性（可以改变情绪和意识状态）物质。例如，美国药物滥用研究所每年都要调查学生的物质使用情况。2016 年，超过 60% 的高中毕业生报告有饮酒的情况。可以预见，进入大学后，青少年饮酒、醉酒和酗酒的现象会只增不减。

好消息是，"大多数"并不意味着"全部"。高中生中也有不少"少数派"选择不碰任何物质。所以，如果父母被告知"每个人都这样做"，那不是真的。事实是在你家孩子的社交圈中，当大家凑在一起的时候，可能每个人都会碰。父母可以建议孩子参加一些不涉及物质使用的聚会，或者和一些不使用物质的朋友来往。

父母应该把对任何物质的使用都视为大事，因为一旦开始使用，就有可能停不下来，而这个世界上有太多可用的化学物质了，它们足以控制人们的生活。有休闲性化学物品、保健品、非处方药、精神类处方药和可能产生精神活性作用的处方药，以及越来越多可非法获取的合成类精神活性物质。主动使用"物质"几乎已成为每个人日常生活的一部分。这不仅包括抽根烟来放松，或者早上喝杯咖啡来提神，甚至连我们的食物也不能幸免，比如从自动贩卖机里拿包糖来"提提神"，以缓解下午的疲劳。物质无处不在。这个世界存在着大量合法和非法的化学制品交易，它们利润丰厚，而且会一直持续。

需要了解的

在青春期，物质使用很有诱惑力，因为它提供了通往自由的捷径，对这个年龄的青少年来说，这种体验尤为强大。例如，摆脱平常处境的自由（逃避），扩大活动范围的自由（刺激），坦然面对他人的自由（无拘无束）……各种各样的解放。在青春期的物质使用中，自由是一种强大的诱惑。

如果你的孩子坦言使用了物质，一定要询问他的动机："你为什么要使用？"如果他说是为了放松、为了敞开心扉或享受陪伴，那接下来就再问一下："这只是你达到目的的一种方式吗？这是常用的方式还是唯一的方式？"如果这是唯一的方式，告诫他习惯的力量会导致依赖的产生。"如果你想暂时逃避现实，找点刺激或放纵一下自己，可以选择不使用物质的方式。"

未成年人饮酒之所以会发生，是因为与朋友们一起出去玩的时候，饮酒感觉是一种更像大人的行为方式，所以往往会面临群体压力，似乎大家都非喝不可。饮酒可能会被视为寻常小事（低度啤酒几乎会被当作无糖饮料），而且，未成年人还会神不知鬼不觉地公开饮用高度酒。他们把透明的酒如伏特加、杜松子酒、龙舌兰酒装进普通的塑料水瓶里，让那些自认为正在举办正常聚会的成年人完全蒙在鼓里。

大多数父母在一开始都没能解决青少年的物质使用问题，因为他们一无所知。只有在人赃俱获、谎言被戳穿、从其他渠道得知或发现青少年做出了无法合理解释的自我挫败或自我毁灭选择时，父母才会意识到这个他们恨不得永远不必考虑的现实。但父母的一厢情愿是没有用的，因为否认是"隐藏的敌人"。

为什么青少年不直截了当地告诉父母他们的想法呢？我认为答案是，青少年过着双重生活：一种是父母知道并赞成的生活；一种是父母被蒙蔽也不赞成的生活。到了青春期，父母不会被告知一切，他们被告知的也不全是真的。因此，当孩子报告并承认"第一次使用物质"时，这通常不是第一次使用，而是第一次被发现使用，尽管孩子极力否认。任何不再使用的承诺都可能是假的，因为一旦开始使用，通常就意味着一发不可收拾。

对初次使用物质的孩子，父母可以就这段经历展开讨论，例如，是什么样的压力和动机让他们去使用物质，这是一种什么样的体验，从中了解到了什么，然后重申他们对这种行为的反对，并说明反对的理由。他们可以重复之前讨论过的年少时使用物质的风险，告诉孩子，不要急于去尝试，"等等再说"是最明智、最安全的做法。"'现在不'并不意味着'永远不'，因为决定权在你手里。'现在不'意味着我们认为，你开始的时间越晚，做出的决定就越安全。"

需要警惕的

当察觉青少年有物质使用的迹象时，父母需要警惕那些提示有问题存在的蛛丝马迹。正如我在2013年出版的《挺过孩子的青春期》一书中建议的那样，父母应该密切关注孩子行为中那些不寻常的变化。

- 当聪明的孩子做出愚蠢的决定时。
- 当好孩子表现得不好时。
- 当诚实的孩子撒谎时。
- 当一贯专心的孩子丢三落四时。
- 当一向尽责的孩子变得漠不关心时。
- 当性情平和的孩子出现情绪波动时。
- 当没多少零花钱的孩子突然大量花钱时。
- 当能干的孩子失败时。
- 当向来投入的孩子失去兴趣时。
- 当健谈的孩子不爱说话时。
- 当无话不谈的孩子三缄其口时。
- 当善良的孩子表现得刻薄时。
- 当负责任的孩子表现得不负责任时。
- 当值得信任的孩子违约时。
- 当积极上进的孩子变得满不在乎时。
- 当细心的孩子表现得粗心大意时。
- 当听话的孩子违反规则和法律时。
- 当专注的孩子出现注意力不集中状况时。
- 当诚实的孩子表现得偷偷摸摸时。
- 当一向健康的孩子身体变差时。

在上述变化中，任何一项都不能单独证明孩子有滥用物质的情况，但如果这些行为逐渐在孩子身上都出现了，就应该引起父母的警惕。

如果某种程度的物质使用正在进行，父母可以尝试从他们被告知的内容和察觉到的内容出发，大致评估一下孩子的卷入程度。参考下列五种可能的物质使用水平（按照从轻到重的顺序排列）。

尝试性使用：出于好奇去尝试一种物质，想看看它是什么样子的，而且在尝试之后，不一定会再次尝试。

娱乐性使用：会在显得相对安全的社交场合中重复使用。

过量使用：过量可能是意外的，也可能是故意的。意外过量发生在无意中用得太多、太快的情况下。"我只是一杯接着一杯地喝，然后醒来时发现自己在急诊室里，被洗了胃。"故意过量指的是故意出去喝醉或喝得酩酊大醉："我和朋友们一样，喝酒就是为了买醉。"

滥用：物质使用达到了自我伤害、自我毁灭或对社会有害的地步，这三种方式都对自身不利，但阻止不了对物质的继续使用，因为后果被忽视了，因为当事人不在乎。"我喝得越多，就越兴奋，甚至陷入麻烦，但那又怎样？"

成瘾：到了这个地步，当事人会遏制不住对物质的渴望，对某种自我毁灭的物质产生了强迫性的依赖，没有这种物质就什么都干不了，甚至活不下去，当停止使用时会经历痛苦的戒断过程。"不管怎样，我一直在用，因为我不得不这样，这就是原因。"

虽然这是一种让父母粗略评估青少年物质使用情况的简化方式，但我认为，给使用程度划分出档次很重要。每一种已知的物质的使用情况都应该进行详细的讨论。尝试性的、娱乐性的和意外过量都应该成为讨论的主题，这有助于学习如何安全地进行物质使用的自我管理。如果父母怀疑孩子是故意过量、滥用或上瘾，那么他们应该找一位合格的治疗顾问，帮助评估正在发生的情况以及可能采取的有效措施。

没有哪种物质使用是安全的，因为在每一种使用水平上，青少年的感知、判断、冲动和反应都受到化学物质的影响，导致他们更有可能做出破坏性的决定。此外，选择的自由随着卷入程度的加深而减少。在极端情况下，当尝试性使用者在决定尝试某种物质时，可能是在行使自由选择的权利，而上瘾的使用者则感觉如同坠入深渊，想使用的欲望让他们无法自拔。当然，并不是所有尝试都是安全的。

最后想对父母说的是，要当心"空巢聚会"。这种情况发生在父母外出过夜，将家托付给高中阶段的青少年时，这些青少年会信誓旦旦地保证，他们一定会尽职尽责地看好家。然后消息就传出去了：有一个家里没有大人的地方可用来聚会，现场不会有任何成人来监督、打扰大家。那个留下来看家的少年可能只邀请了几个朋友，最后却完全变样了，因为消息传开后，很快就有很多青少年不请自来，这个留守少年此时感到事态已超出了自己的控制。这些青少年可能会酗酒，甚至可能会有其他不当行为。一旦放浪形骸，就会无所不为，最后导致以下三种不幸后果：家里变得一团糟；聚会变得很吵闹，邻居们报警；有人严重受伤。因此，当父母回来的时候，孩子和托付给孩子照看的家都一片混乱，他们会打心眼里觉得被欺骗了。我的建议是，不要让这种情况有发生的机会。不要让一个十几岁的高中生独自在家过夜。

需要交代的

正如处理其他危险或非法的活动一样，负责任的父母需要发话，不赞成孩子去接触物质，将他们与这些东西接触的时间尽量推后。对于酒精和其他物品，父母通常需要提出保护性的禁令。父母可以与孩子讨论物质使用的一些严重后果，不是为了"直接吓唬青少年"，而是为了让他们知道什么是对物质的娱乐性使用，以及现实生活中有哪些风险。

首先，父母可以列举青春期存在的八种可怕的威胁：严重事故、社会暴力、学业失败、情绪冲动、性灾难、铤而走险、违反法律以及绝望自杀。他们可以向孩子解释，当使用物质时，一个人的情绪、判断能力和反应能力都会发生改变，导致上述可怕经历的发生。在我所知的初次性体验中，就算不是大多数，也有很多是由酒精和其他物质使用促发的。要平安度过青春期，最好的方法就是不碰任何物质。

随着高中毕业的临近，青少年来年秋天就要搬出去，离开家庭。也许他们会找到一份工作，和人合租一间公寓；也许会去上大学。在这两种情况下，他们都远离了熟悉的、舒适的、安全的家。在这个时候，他们使用物质的范围和种类将急剧增加。为什么会这样呢？我认为，一部分是因为青少年在一定程度上获得了新的自由和独立，这让他们一时高兴得找不着北；一部分是因为物质使用可以即刻提供生理和心理愉悦；一部分是为了逃避年龄增长带来的责任压力；一部分是因为离家生活使青少年接触到了非法卖家更开放的市场；一部分是为了应对更不安全的社交聚会，在这样的聚会中，青少年通过使用物质来融入群体，让自己表现得更成熟，用化学物质带来的自信去应酬、周旋、放松、享乐。

　　对那些年长的、可能已经开始使用或持续使用某些物质的孩子，父母可以提出一些方法上的建议，让他们"谨慎"使用。我用这个词的意思是，在使用物质时，要"适可而止"和"保持清醒"，那怎么判断青少年是否做到了呢？这要看他们在受到酒精这样被随意看待但其实非常强劲的物质影响时，是否还能控制自己。

　　"适可而止"意味着知道自己什么时候已经摄入得够多了，这样就不会丧失清醒的判断力。"保持清醒"是指保持对事情轻重缓急的基本判断力，不至于在物质影响下忽视和搁置重要的责任。谨慎使用的意思就是适可而止和保持清醒。

　　"节制"的核心问题是知道什么时候"够了"。以饮酒为例，一个人喝得越多，就越容易头脑不清醒。对那些平常看重的事物，你的在意程度会随着酒精摄入量的增加而改变——可能会从平常的在意到不那么在意，再到表现得满不在乎，最后变得毫不在意，到狂喝滥饮的时候，就会达到百无禁忌、为所欲为的程度。这个时候，为了在聚会上体会那种更无拘无束的感觉，平常容易紧张的青少年可能会变得更健谈、更放纵、更顺从或更好斗、更情绪化或更易爆发、反应更快、更冲动，这取决于他们到底喝了多少酒以及他们的酒量如何。当一个人完全跟着感觉走时，就可以完全不在乎此刻发生了什么，别人会怎么想，会冒什么风险，会对自己或他人造成什么伤害，或者会产生什么后果。所以青少年会认为，酒后驾驶根本不算什么。

如果父母饮酒有节制，孩子就知道什么时候"够了"。父母可以和孩子分享"够了"意味着什么，以及如何给自己设置底线。"对我来说，两杯啤酒就足够了。"

对于"非功能性"的物质使用，青少年会将其描述为"碌碌无为"，指的是他们无法在生活中获得足够的前进动力，去实现重要的人生目标，甚至连较小的目标也达不到。他们对自己无能为力。如果父母知道怎样在物质使用时保持清醒的头脑，就可以向孩子仔细描述自己的情况——什么时候使用，怎么使用。"我只是在一天结束的时候抽一支烟放松一下，并不会耽误该做的事情。"

父母无法控制年长子女沉溺于某种程度的娱乐性物质使用，但他们可以让孩子更了解这种选择意味着什么。父母可以提供一些额外的指导，让物质使用保持在一个相对安全的范围内。以下是一些值得考虑的建议。

- 要明白任何物质都是有害的，使用起来有一定的风险，因为它们可能会产生意想不到的副作用。不要忽视糟糕的"使用体验"，要从中吸取教训。
- 不要让对这种物质的使用成为一种固定的习惯，因为这会产生依赖性。
- 让对某种物质的使用成为自由的个人选择，而不是迫于社会压力。不要让别人决定你要不要用。
- 在朋友的陪同下使用。不要和你不认识、不信任的人一起使用。
- 不要在情绪冲动时使用。
- 物质使用之所以有危险，部分原因在于过量，所以当使用一种物质时，从少量开始，并一直保持少量。不要用得太快，否则你会不知道自己用了多少，在不知不觉中使用过量。
- 使用时要量力而行。不要跟别人攀比，不要为了炫耀或与别人竞争而使用。
- 知道自己为什么使用。如果你认为这是放松自己或处理棘手情况的唯一方法，思考一下是不是还有其他方法。
- 知道你在使用什么物质。不要在不确定该物质的性质时使用，搞清楚它是什么。
- 使用物质是为了享受，而不是用来疗伤。比如喝酒，不要在酒精麻醉下做决定，也不要用买醉来逃避现实。
- 当你选择使用物质时，确保以后回顾这段经历时是愉悦的。如果会让你感到后悔或遗憾，就不要使用。
- 不要过早使用物质，开始使用时你越成熟，遇到的麻烦就越少。不要觉得你必须使用物质来证明自己"长大"了。
- 不要在各种社会风险开始上升的午夜之后使用。
- 在使用后对自己的状况进行评估。关于物质使用，有些决定是明智的，有些决定是糊涂的，但两者都不要忽视，因为都能从中吸取教训。
- 观察学习。注意看别人是如何使用的，总结一下问题出在哪里，提醒自己不要重蹈覆辙。
- 使用之前要先有成算。在没有计划好怎么用、用多少之前，不要使用。坚持按计划进行。

何时行动

我并不做青少年抑郁症和物质滥用方面的咨询。当出现这些问题时，我确实会建议他们去寻求更专业的帮助。父母也需要多多关注抑郁症与物质滥用之间的关系，如果出现一种或两种症状，应立即寻求适当的帮助。

抑郁症和物质滥用之间的关系是双向的。抑郁情绪会导致青少年通过物质来寻求逃避或解脱。而物质使用（尤其是与酒精等化学抑制剂一起使用）会加剧抑郁情绪，让人生无可恋。所以我们一定要明确三个定义。

抑郁（这里指一般意义上，不是临床意义上）通常指的是一个人在面对突然的压力、痛苦或丧失时，可能产生的一种极度难过的情绪体验，但在正常范围内。当孩子说他"感觉抑郁"时，父母应该警觉起来并密切关注，但这样的表达并不意味着这个孩子一定体验到了抑郁或者肯定患了抑郁症，尤其是他还表现出其他积极解决问题和建设性投入生活的迹象时。

抑郁症，是临床用语，它的出现意味着父母应该为孩子寻求帮助了。抑郁症指的是一种严重的心灰意冷的状态，它会让一个人的情绪陷入低谷，感到痛苦、绝望、无助、愤怒，产生无价值感，食欲不振，无精打采，无力改变也不想改变。

镇静剂是指一组可能使人上瘾的物质（比如酒精），它们会"压抑"或缓解忧郁、紧张、躁动或失眠的症状，让人感觉更平静、放松或能够入睡。

在不可避免会有情绪起伏的青春期，父母应该严肃对待孩子明显而持续的悲伤情绪，因为这可能是物质使用的前兆或后果。那么，父母应该注意些什么呢？严重抑郁的一些常见迹象包括：

- 远离朋友
- 回避家人或与家人的沟通减少
- 用言语和眼泪来表达明显的不快乐
- 对以往喜欢的活动不再喜欢甚至放弃
- 更易愤怒，在家中引发更多冲突
- 说一些反映低自尊的话
- 总是抱怨自己很无聊

- 有睡眠困难
- 食欲减退
- 学习成绩下降
- 体重异常下降（太瘦）或增加（超重）
- 表现出慢性疲劳
- 对生活越来越悲观

如果一个孩子在数周时间内，都不能或不愿谈论他的抑郁情绪，也无法走出来；如果一个孩子表现得越来越意气消沉；如果一个孩子开始有意或无意地伤害自己（出现自伤或自毁行为），那么，父母就需要对他的抑郁进行评估了。为了防止孩子用有害的方式自愈或以破坏性的方式发泄，父母应该带他去接受正规的评估和咨询，找一个可以让他把所有不开心的事情说出来的地方。

人们经常会选择像酒精这样的物质来缓解或摆脱抑郁，青少年与年长者都一样，但是，当他们体验到抑郁情绪或陷入抑郁状态时，这种物质可能只会增加自杀风险。父母要留意下面这些带有自杀倾向的表达：

- "我感到情绪低落，心灰意冷。"
- "有时候我真想放弃算了。"
- "有时候我怀疑活着是否有意义。"
- "有时候我真希望自己死了。"
- "我老想着自杀。"
- "割伤自己会让其他疼痛消失。"
- "喝得酩酊大醉，把车开出马路，这太容易了。"

虽然上面这些话都应引起严肃对待，但在自杀意向的强度、自杀计划的周密程度上，是逐渐递增的，可能需要立即进行评估，看看是需要在严密的监控下居家休息，还是住院治疗，以防万一。父母可以这样跟孩子说：

"如果你非常不快乐，以至于认为自杀似乎是应对痛苦的最佳选择，那么我们要想办法让你的生活得到改善，而不是将它结束。"

为了确保你理解下面这些话，我们得采取行动：

- 你可以和理解你感受的人倾诉你的不快。
- 你会得到充分的保护。
- 你不能有任何娱乐性的物质使用，你过去的使用情况也会得到评估。
- 如果你一直这样郁郁寡欢、容易冲动，你身边就不会出现任何可用于自伤的东西了。

为了履行最后那句承诺，父母必须移除或保证家中没有任何可用的常见自杀工具，包括处方药和非处方药、刀和剃须刀片、绳子、枪和其他武器，还要保证让孩子接触不到机动车。

让父母最害怕的青少年自杀情形可能是这样出现的：

1. 因遭遇挫折或失恋而陷入抑郁。（父母要认真对待重大的失败或丧失，倾听孩子受伤后的感受。）
2. 因自尊受损而孤僻自闭。（父母要提供更多的支持，表达对孩子个人的肯定。）
3. 任由扭曲的思维创造出一幅夸大的绝望、无助的画面。（父母要提供一个现实的视角。）
4. 借助物质使用来自我治疗疼痛，从而增加被冲动支配的可能。（父母要反对孩子使用酒精等物质，鼓励他把痛苦一点点地说出来。）
5. 有过自杀未遂的经历。（父母要确保家里没有会造成严重自我伤害的工具，包括汽车。）

所以，父母要防患于未然，以免将来后悔。因此，一定要评估物质滥用和抑郁症之间可能存在的联系，因为这种联系可能会导致自杀。如果一个离家上大学的大龄青少年说自己有自我挫败的行为，如拖延、逃课、不努力、不及格、用上网来逃避学习、无法满足各种要求、在社交上被孤立、因孤独而痛苦、为了控制难受的感觉而使用物质来自我疗愈等，如果父母有能力，可以对孩子进行心理干预，也可以在当地寻求心理咨询，或者把孩子安全地带回家，帮助他们恢复。

第 15 章

互联网

"当年我的父母只需担心我的现实生活，而今作为父母，我还得担心孩子的虚拟生活，复杂性成倍增加！"

青少年都是冒险家。他们想探索更广阔的世界，以获得更多的经验。但今天，与他们父母年轻的时候相比，由于互联网革命，这个世界的版图显著扩大了。

尽管作为成年人，父母们已经习惯了互联网的"虚拟世界"，但他们中的大多数人都是在"现实世界"中长大的，该如何在"现实世界"和"虚拟世界"教育青少年，他们都没有历史的参照框架。要为孩子提供的指导越来越复杂了，这是父母们必须接受的现实。这个挑战有很多方面，其中需要父母仔细考虑的是：全新的世界、父母的任务、父母的指导和目标，以及如何管理电子屏幕。

全新的世界

首先，要诚实地承认，父母和青少年每天在网上花费大量的时间，来查看和发送消息、使用社交媒体、玩游戏、收集信息、浏览感兴趣的内容、购物或享受其他形式的互联网娱乐，而这些与工作和学习都无关。

青少年和成年人都深感"上线容易下线难"。网络生活就是故意设计成这样让人难以抗拒的形式的。

虽然这两个世界相互作用，但它们又大为不同。在现实世界中，青少年通过直接的行为选择来为人处世，通常是面对面地与他人接触；而在网络世界中，大多数选择都是通过电子媒介的机械点击来实现的。在可触摸的现实世界中，有一种让人产生真实感的环境和社会背景；而在遥远的网络世界里，所有感知都聚焦于一个电子屏幕的小窗口。在现实世界中，轻易获得生活经验和可能性的途径是有限的；而在网络世界里，几乎无限的生活信息唾手可得。在现实世界中，父母对孩子该获得什么信息以及何时获得有一定的发言权；而在网络世界里，青少年只需好奇地点击一下鼠标，就能获得任何他们感兴趣的信息。

那些父母可以说"等你长大后再说"的日子已经一去不复返了，他们再也控制不了孩子对信息的获取了。

要探讨这个新的现实，就需要从孩子长大后接触互联网开始。父母无法阻止这种接触。他们只能和孩子一起讨论网络，并试着从他们认为健康的角度来了解它，以这样的方式来和孩子保持同步。如果父母发现他们害羞的高一孩子在一个交友网站上注册了，也许他们可以这样说："你想和人约会，这无可厚非。我们知道你是想找一些能够轻松与人交往的方法，想用这种方式找到约会对象。但是，在成人交友网站上发布自己的信息可能会将你置于险境，因为那些比你年长的陌生回应者会使尽浑身解数来博取你的关注，而他们可能对你不怀好意。所以，咱们可以想想在学校的朋友圈、校外的社交圈里寻找约会对象的可能性，想想可以以哪些安全和愉快的方式来开始这个过程，以及我们能提供怎样的帮助。"

试想一下，一个刚进入发育期的六年级孩子第一次接触网络色情作品时的情景。因为来自性网站的邀请突然激增，使得家里的电脑几近崩溃，这让父母的脑子里一下子警铃大作，此时，他们该说什么呢？也许，在听完孩子描述他所好奇的、所看到的以及他所了解到的内容之后，父母可以通过实事求是的交流，帮助孩子正确认识这种体验。当然，每位父母都有自己的价值观和看法。以下是他们可能想（或不想）对孩子说的话。

> "随着年龄的增长，你会对自己的性器官和两性关系越来越感兴趣，这很正常。但是，尽管你可能会情不自禁地想去看色情片（那些旨在给观众带来感官刺激的裸体性交画面），但在你长大之后，这些色情片会让你产生一些与性行为有关的不现实想法。首先，色情作品会让你以为，这些情侣在性关系中做的每件事都是你应该做的。它让人以为，两性关系似乎只与没有感情的性行为有关，与社会或情感层面的联结毫无关系。它使得随便的性行为看起来没有严重的伤害、不需要提防、没有做性保护的必要。总之，色情作品会让你产生很多不切实际的幻想，因为它是用来娱乐的，不是用来教育人的。它没有任何好的指导意义。因此，关于性的主题，我们想告诉你我们认为重要的一些东西，我们会回答你现在想知道的任何问题，并且会实事求是地和你讨论正在发展中的性问题。我们还可以分享一些我们在你这个年龄时不知道的事情，以及那些我们自以为了解但其实完全不了解的事情。产生性好奇是健康的，对你想了解的任何话题或问题，我们的讨论也都是健康的。"

有时父母会很纳闷，为什么虚拟世界对青少年有这么大的影响力？难道现实世界中的一切还不够有趣和有挑战吗？答案是，因为网络提供了成长的自由，让青少年足不出户也能阅尽世界沧桑变幻。过去，只要孩子在家，父母就知道孩子在哪个角落待着。而现在，当青少年在家的时候，父母可能完全不知道他们在世界上的哪个地方游荡。他们可能在网上冲浪，在和人聊天或进行电子交易。

姑且列举一些网上可以提供的服务：线上会议、音频视频、社交网络、购物网站、百科信息、娱乐宫殿、虚拟社区、原创工作室、电子游戏、成人信息库、实验室、闲聊区。这样的例子不胜枚举。而这一切所需的只是一台计算机。和其他自由一样，网络自由也是一个值得青少年去争取和战斗的目标。

父母的任务

在谈及网络体验时，父母往往会有所迟疑，因为就该说什么、该做什么这个问题，他们并没有先例可循。他们经常会问："在这个虚拟世界教育孩子时，我们的任务是什么？"我认为，父母在虚拟世界中的任务基本上和现实世界中是一样的。让我们换一种方式来思考父母的责任，这就好像现在有两台不同的自由机器，父母把孩子同时放在这两台机器的座位上。

当谈到如何操作现实世界中伟大的自由机器汽车时，大多数父母都有一套相当明确的规则。他们不会随意将家里的车钥匙交给刚拿到驾照的青少年，说："去吧，去你想去的地方，拉你想拉的人，做你想做的事，我们没有指示，没有监督，也没有要告诉你的注意事项，你也无须告诉我们发生了什么。"几乎没有父母会给出这种无所顾忌的许可吧？

在使用现实世界的自由机器时是有所约束的，我们不妨比较一下和它相对应的、无须执照的虚拟世界中的自由机器——计算机。计算机以不同的外观出现在我们的生活中，屏幕越来越五花八门，似乎有无限的应用程序等着你去激活。青少年随时可以进入的虚拟世界可比面对面日常交流的现实世界大多了。那么，父母准备给予哪些许可，期望孩子负起哪些责任呢？

如果青少年"安全地"待在家里，而父母却不知道他在网上干什么，那该如何制定操作规则并监督执行，该要求他报告哪些方面的内容呢？他们最多只能限制家庭电脑的访问权限。父母可以根据家庭的价值观，来解释为什么使用家庭电脑时要限制访问内容。"我们不希望某些信息进入我们的家庭，比如那些宣扬社会暴力、吸毒、赌博、赚快钱、和陌生人约会、色情和仇恨网站的信息。"然而，该禁令并不能阻止青少年通过朋友的电子设备接触此类信息。当然，禁令也不能帮助孩子做好接触这些信息的准备，它只是在拖延时间。

在现实世界中，父母可能会这样提醒孩子如何控制情绪："开车时不要让朋友刺激你。"而在虚拟世界中，父母可能会这样提醒孩子如何控制情绪："不要接受任何被夸得天花乱坠的免费礼物或邀请，也不要打开任何类似附件。"在这两种情况下，忽视父母的提醒都可能带来麻烦甚至伤害。此外，这两个世界之间可能存在的互动也值得关注。

网络体验可能影响现实感知，还可能会影响行为。想想一些冒险游戏是如何导致人们对暴力逐渐麻木迟钝的，或者色情片的刺激是如何影响人们的性期望的。青少年对攻击行为或性行为的看法会受到影响。"这样没什么；这就是我该做的；这就是对方想要的。"

父母需要和孩子沟通，让他们知道虚拟的东西只是为了娱乐，不是现实行为的合理范本，也不是对现实的准确表达。

现实需求可以在虚拟世界中得到满足。想想看，当一个学生上网搜答案时，可能会未经允许就在论文中引用一些资料，因为"网上的东西可以随便用"。还可以想想看，现实世界的无聊与需求是如何导致人们频频逃到网上去寻欢作乐的，以至于养成了自我挫败的拖延习惯，使得青少年沉迷于网络世界的快乐，把现实世界的任务一推再推。父母需要和孩子沟通，在享受网络消遣的愉悦之前，该如何履行现实的责任。

虚拟世界的联系可能会干扰现实交流。此外，还有一个问题是如何将网络互动与跟家人的现实交流结合起来。父母和青少年可能会习惯性地在收到网络短信或电话时即刻回复，同时自动中断彼此之间正在进行的现实对话。网络联系优先于现实联系。"我必须现在就回复！"

家长指导和使用目标

如何指导青少年正确使用互联网和电脑，并为他们设定合理的使用目标呢？这是让很多父母费心劳力的问题。以下是多年来我从父母那里了解到的一些情况。

"让你上网是有条件的，一是老实告诉我们你每天在网上做了什么；二是老实遵守我们定的规矩。"

"我们要有正常的线下家庭时间，而且要保证不受到网络的干扰。"

"就像我们每天都要过问你的现实生活一样，对你的网络生活也要过问。"

"上网不能影响你帮家里干活和完成家庭作业。"

"你不能频繁访问任何有密码保护的网站。"

"你不能告诉陌生人个人和家庭生活信息。"

"你不能为了收短信而抱着手机睡觉。"

"我们会随机监控你通过各种设备进行的网络活动，查看你是否遵守了我们的规定。"

"你要遵守'五年规则'，不要发布或发送任何个人信息，以免五年之后你会因为让别人看到这些信息而后悔。"

"如果你在网上遇到任何危险或麻烦，一定要来找我们帮忙。"

"你要认识到，互联网是迄今为止规模最大的社会监控系统，是一个收集个人数据、侵犯个人隐私的发明。你的每一次点击都会让人知道你去了哪里，做了什么，对什么感兴趣，你是谁。所以，上网须谨慎。"

"当你感到沮丧或生气时，不要发信息或短信，因为你可能会在情绪影响下发布一些事后会让你后悔但又无法收回的话。"

"不要把上网作为一种电子情绪管理系统，别指望用它来缓解情绪不适或逃避问题。"

对青少年沉迷于网络的现象，父母的普遍担忧是："把这么多时间花在以屏幕为媒介的交流上，孩子可能会缺少与人面对面交流的机会，可能会失去流畅的表达能力。"这个担忧是对的，但也是错的。错的一面是，数据表明真实情况恰好相反。有了这项新技术，青少年拥有的交流方式比从前更多了，比如用手机发送短信、照片和视频。此外，当父母开始使用固定电话后，他们并没有因该项发明而显著削弱面对面交流的能力。对的一面是，在家里，在与电子产品争夺孩子注意力的战争中，父母很难胜出，也很难把孩子从屏幕中拉出来和他们进行交流。父母经常告诉青少年，"我想和你面对面交谈，而不是盯着你的后脑勺讲话！"有时，青少年也会对父母有同样的抱怨。

父母的一项重要任务，就是教育他们的孩子如何明智地与这个随时可用的网络信息世界相处。在访问和评估这个取之不尽的信息宝库时，在判断其可提供的内容时，有三个过滤性问题可能会有所帮助。

这些过滤性问题包括：目的问题（关于意图）、信任问题（关于真相）和应用问题（关于使用）。

目的问题是"为什么要发布这些数据"。互联网上发布的所有数据都是有目的的，就像诱饵一样挂在那里，吸引访问者的兴趣。所以无论你浏览哪个网站，都要问问自己，"它的意图是什么？是为了逗我开心还是让我学到什么？是为了给我定位、刺激我，还是想从我身上获利？"还要问问自己，"为什么有人想让我对这个内容感兴趣？"

信任问题是"这些信息可靠吗"。它是否值得去思考、信任，是否有价值？你如何判断网上的那些报道、案例、观点、证据、承诺、图片、提议或主张是否可信？你应该不愿意让错误的、带有误导性的、虚假的（比如毫无用处的所谓捷径、秘诀、神奇解决方案以及错觉、不靠谱的主张等）东西进入你的核心工作知识库。你应该也不愿意在误导下把幻想当作现实。问问你自己："仔细权衡之后，这些东西是不是太不可能、太简单、太具诱惑、太耸人听闻、好得太令人难以置信了？"

应用问题是"我应该相信这些信息并加以利用吗"。如果它们看起来合理合法，内容真实，可用于教育、指导、获取会员资格或者购物，你会将这些信息用于个人吗？从某种程度上说，所有未知的结果都是一场赌博，所以，让青少年问问自己，如果他们利用了这些信息，可能会出现什么结果；如果真的出问题了，又有什么应对计划。不管他们做出什么样的预测，都要自己承担后果。问问自己："它们的用处值得去冒险吗？"

互联网是一个神话般的人类发明，那些似乎无穷无尽的数据流量简直就是奇迹。相应地，父母也面临着新的任务：当网络让孩子小小年纪就接触到这个世界的各种知识时，要向他提供一个合理的视角，帮助他学会从大量信息中甄别有价值的、安全的信息。

一般来说，父母可以为孩子考虑以下三个可能的上网目标：

培养电脑能力。学习良好的专业技术和驾驭网络的技巧。从教育、职业和社交的角度看，如今要想在这个世界上立足，必须得通晓互联网。

培养安全意识。培养足够的网络风险意识。互联网不仅很容易让人被各色网络活动诱惑，暴露自己的弱点，还很容易让人相信互联网上可以匿名、可以不被追踪、有保护性和安全性而放松警惕，但这些说法都不是真的。

学会寻找平衡。防止因沉迷网络而荒废现实中的技能。被网络吸引后，可能会养成一些在网上找乐子的习惯，把现实生活中该尽到的责任和义务抛在脑后。

最后，越来越多的消费者沉迷于电子屏幕，恨不得随时随地电子设备不离手，从中寻找乐趣、认识朋友、获取信息、紧跟潮流、转移注意、缓解无聊。

电子屏幕

生活中电子屏幕无处不在，我们依赖这些视觉监控器来获取关于这个世界的信息、调节我们与世界的关系、与世界上的其他人互动、逃避世界对我们的要求。我们每天把大量的时间都浪费在了屏幕上。

时代确实变了。在我父母那一代，出现了电影屏幕；在我这一代，出现了电视屏幕；在我孩子那一代，出现了电脑屏幕；在我孙辈那一代，出现了各种各样的现代化屏幕。如果你细数一下随处可见的各种屏幕，包括游戏台屏幕、DVD 播放器屏幕、电视屏幕、电脑屏幕、电影屏幕、阅读器屏幕、手机屏幕、平板电脑屏幕，你会发现，电子屏幕占据了我们大量的时间。除了花在电脑前的工作时间外，想想所有年龄段的"普通美国人"，尤其是"普通美国青少年"，平均每周有多少休闲时间花在这些屏幕上吧。加起来的这个数字实在太庞大了，大部分人宁愿自己不知道，所以他们不会记录自己在屏幕上花费的时间，也不在意自己到底投入了多少。

我了解到，家长们确实对孩子日常花在屏幕上的时间忧心忡忡。"让我担心的不只是十几岁的孩子一直开着屏幕，更让我担心的是，她好像被屏幕上的东西勾了魂！""他在玩电脑游戏上花了太多时间。""她在社交网络上花了太多时间。""他刷视频花了太多时间。""她发短信花了太多时间。""他和朋友没完没了地玩电脑游戏。""她总是在检查邮件。""没有电脑，他哪儿也去不了。""她一天到晚除了玩电脑，没别的事。""就好像他们得一直挂在网上一样！"

青少年和成年人每周花在屏幕前的休闲时间越来越多，对我来说，很难判断这是一个新出现的问题，还是一个为适应将成常态的重大技术变革而进行的社会和文化调整。当然，电子屏幕是一个巨大的平台、窗口以及舞台，青少年可以在这里扮演各种角色——受众、旁观者、创作者、表演者、沟通者、网络管理者、购买者、销售者、交易者、研究人员、检查者、执行者、学生、助手、老师、艺人等。其可能性多得超出你的想象。电子屏幕现在就是实现上述众多目标的一种手段。

最糟糕的是所谓"电子成瘾"的现象，即一种达到自我挫败或自我毁灭程度的"屏幕依赖"。把成瘾的概念应用到控制不住上网的行为上（例如"电子游戏上瘾"），会让父母感到害怕。我不确定它在生理上是否适用。不过，如果青少年坐在电脑前的行为已经带有强迫性质，并在无法接触到电脑时出现痛苦的脱瘾症状，那这个概念可能就是合适的。

在某种程度上，这种依赖性可能会得到商业上的鼓励。就像曾经有人冷笑着向我解释说，"当你想卖掉某样东西时，你就是在鼓励人们重复使用它。这就是为什么瘾君子是最好的顾客。一旦上钩，他们就会不断地回来。"在有屏幕依赖的情况下，市场可以说是一个强大而毫无原则的推动者，它只有一个目标：攫取消费者的时间、注意和资源。你浪费在屏幕前的每一分钟都有人从中获利，你多在屏幕前待1分钟，就少1分钟去做其他与屏幕无关的事。

当然，在父母把闲暇时盯着屏幕的行为当成青少年的问题之前，他们需要先考虑一下自己盯着屏幕的时间。在我看到的大多数情况中，父母至少和孩子一样"依赖"屏幕，只是他们在浏览、冲浪、社交、玩游戏、消遣以及参与其他娱乐活动时的习惯和品位与孩子不同。有趣的是，父母常常会中断他们的咨询，拿出正振动不休或响个不停的手机，看看是谁的电话。而迄今为止，我从来没有看到一个孩子做这样的事。因此，如果父母想控制青少年的屏幕时间，最好自己先做好示范。

对父母来说，当青少年对电子屏幕的依恋胜过他们在现实生活中对父母的感情时，问题就变得很迫切了。当有空的时候，青少年盯着屏幕的时间更多，还是和家人交流的时间更多？父母总是在和屏幕争夺孩子的时间吗？父母只能对着孩子的后脑勺说话，只能得到孩子心不在焉的敷衍吗？如果确实如此，那么，至少在有重要事情要讨论的时候，父母应该选择更明确的沟通渠道，要求孩子关掉所有电子屏幕，与他们面对面交谈。最好让青少年学会把互联网当作能干有用的仆人，而不是发号施令的主人。

第五部分

"试独立期"出现的问题（18～23岁）

自力更生

在这个青春期的最后阶段，自己想干什么就干什么的幻想与需要自我管理的现实发生了冲突。纷至沓来的东西太多了，责任、茫然、复杂的选择、义务、混乱、干扰，没有任何一个孩子完全做好了应对它们的准备。各种各样的要求有时会让人手忙脚乱、不知所措。要做的事情实在太多了。

在这个脆弱的年龄，让生活充满压力的常见原因包括：不能面面俱到的焦虑、因熬夜而导致的睡眠不足、工作中的一再拖延、因超支而背负的债务、因离家而产生的孤独、在新环境中产生的不安全感、营养不良和对卫生保健的忽视、对前途的不确定感、为逃避现实而使用物质及寄情互联网、违背对自我和他人的承诺、因暂时无法立足而产生的自我怀疑。

以上这些都是青春期的最后阶段最具挑战性的原因。

第 16 章

毕业分离

"我感觉把整个人生都留在了身后!"

从高中毕业是一个肯定性的成就,但与此同时,它也带来了与过往的几大分离——告别家庭、告别友情,通常还会告别爱情,这可能使得继续前进更加困难。虽然有人没有完成高中学业,但在这个年龄也该离开父母、独自生活了,所以他们面临的许多挑战是相同的。

为什么是挑战呢?因为分离的代价是某种程度的丧失。通常情况下,一个人的经济状况会随着搬出去独立生活而有所下降。"再也没有满满一冰箱的零食了!"不仅如此,有些人想象中的未来往往在现实中有些令人失望。青少年面临着自力更生的严峻挑战。所以,在接下来的篇幅中,我们要描述的是随着毕业而来的分离和幻灭,它们使得青春期的最后阶段变得极其复杂。

艰难的分离

当青少年高中毕业或离开父母时,可能会经历三种痛苦的分离。

当他们离开家，离开父母的支持、监督时，失去的是日常居住的地方和家庭常住人口身份。

当他们的社会群体解散、朋友分道扬镳时，失去的是伙伴关系和与朋友一起行动的机会。

当高中时代的情侣因不同的追求而劳燕分飞时，可能会失去爱人之间的依恋和亲密。

在每一种分离中，都必须放弃一些有纪念意义的东西。下面，我们就对这几种分离依次展开讨论。

告别家人

当青少年高中毕业后，他可能会去参军，也可能找一份工作搬入合租屋，还有可能考上大学住进学生宿舍。这时，父母看着他留下的空房间决定将其另作他用。于是，他们把孩子留下来的东西打包放好，并对房间进行重新布置。然而，在对这间旧卧室进行具体改造时，他们忘记了一件事——这个房间对已离家的孩子来说，仍然具有巨大的象征意义。

"你们把我的房间怎么了？""你们怎么能这样？我只是暂时不在家，又不是再也不在这里住了！你们不能占领我的地盘！"占有这个虽然空出来但仍放满自己旧物的房间是青少年的一种表态——我在这个家依然存在感十足，我可以随时回来。父母一定要记住，在青少年拥有一个独立的家庭以及拥有与父母手足一样重要的家人之前，还有很多年的时间。不仅如此，青少年还需要随时了解家庭成员生活的变化，随时加入家庭群聊。"我不住在家里并不意味着我不想知道家里的事情！"

独自外出闯荡可能是令人兴奋的冒险经历，但也可能是孤独和可怕的。为此，一定要和家人紧密联系。在想回家或需要回家时，知道有一个安全的家随时欢迎自己回去，这是足以抵御离家失落感的安慰堡垒。青少年需要知道的是，不在眼前并非不在心里，对家的思念，甚至让人难受的乡愁，都证明了爱的联结，这种联结是离家再远也无法切断的。因此，父母应该传达这样的信息："你并不孤单，你一直在我们的脑海里、心田里。你可以随时打电话，我们永远都在家里等你回来。"

告别朋友

在高中阶段，你和那帮一起长大的朋友待在一起的时间显然更多，这样的团体会变成一个让你割舍不下的社交世界。所以每当毕业季来临时，学校里就会出现"漫长的告别"，散伙派对变得越来越频繁和重要。每个人都信誓旦旦地承诺要保持联系。

然而，当毕业后朋友们四散而去、各奔前程，开始各自的生活时，旧有的群体归属感开始瓦解。"毕业就是把我们那帮人拆得七零八落。"他们会各自在外开辟新的社交网络，等回家度假时，大家用聚会的方式来重构和保留失去的东西。

一些青少年会遭受所谓"快乐高中时光的诅咒"，对他们来说，与朋友的分离最为痛苦。如果高中生活过得很一般甚至差强人意，让你巴不得早点毕业并为此早早做好了准备，那也就罢了。但如果高中生活在社交层面给你带来过无限荣光呢？假设你非常受欢迎，是一个优等生，在校担任领导职务，是每个人都想结交的人，那又会怎样呢？在这种情况下，毕业可能会让你倍感失落。如果从高中时代的"风云人物"变成了大学时代的"无名之辈"，就会对这种失落有深刻的理解。"没有人知道我的名字，甚至也没兴趣知道。这太让人沮丧了！"在高中以外的更广阔世界里，孩子们可能会说，"这就像白手起家、从头再来。我可能永远都不能像从前那样脱颖而出了。假设那是我人生中最美好的几年，从现在开始一切都要走下坡路了，我该怎么办呢？"

父母可以在此时传达这样的信息："既然你亲手铸就了高中的辉煌，就证明你可以再次取得成功。你可能没法在更广阔的世界里取得同等水平的成功和社会地位，但可以尽你所能做到最好。"

告别恋人

毕业时最艰难的分离也许是与恋人告别，此时一对相爱的情侣天各一方，一个远走他乡，另一个留在原地，或者两人各奔东西。无论哪种情况，恋人之间日常接触和出双入对的习惯都会被打破。"在高中的时候，我们是彼此不可分割的一部分。"

毕业带来了复杂的问题。该如何处理这段感情？两地相思足以维系这段感情吗？应该挥剑斩情丝吗？应该保持异地恋吗？应该重新开始，与其他人交往和约会吗？

据我所见，如果两个人都真诚地关心对方，坦诚相待就是对这份感情最大的尊重。随着两人之间的身体距离越来越远，在社交层面和情感层面的距离也越来越远。既然他们的生活已经不再以高中为背景，那么这段感情出现问题也是很自然的事情。在大多数情况下，高中的恋情并不会持续很长时间，尽管也有一些青少年会设法和他们高中时的恋人修成正果。

如果被问及该怎么做时，父母可以建议分隔两地的情侣尊重他们在这段极其重要的关系中对彼此的真诚。为此，他们要达成共识，如果其中一方开始不爱了，如果其中一方想拥有更多的社交自由，如果其中一方想开始与他人认真地交往，或者其中一方有了另一段更有价值的关系，一定要让对方知道。

无论高中毕业与否，与家人分开生活，都是一个巨大的变化，而变化会让你失去你在意的那种熟悉感。也就是说，在失去的同时，也获得了自由——摆脱旧束缚的自由，获得新机会的自由，这样的自由使得一个人可以在成长中重新定义自己。一种可以独立做出选择的生活开始了。在某种程度上，青少年痛苦地认识到，诱人的独立概念和理想主义所吹捧的不太一样。

幻灭

生活充满了幻灭。一个人形成或习得的信念一旦被证明是错误的，就会产生巨大的失望，甚至叛逆。想想看，当你发现牙仙子（英国童话里的一个仙子）、复活节兔子和圣诞老人其实是你信任的成年人虚构出来的，会是怎样的心情。这时孩子才明白，原来父母会故意撒谎。还有一种更强烈的幻灭感，是当发现父母无法履行承诺时对家长力量的幻灭，而这个承诺是所有孩子都希望父母能够履行的：永远保证孩子的安全。

孩子希望父母这样说：

"当你需要帮助的时候，我们会一直在你身边。"

"我们将永远保护你，不让你受伤害。"

"我们会永远为你做正确的决定。"

"我们总是知道该怎么做。"

然而，到了青春期，他们与父母的相处体验就不符合这种期望了。于是，孩子们有了一些震惊的发现。

"当我需要帮助的时候，他们并不是一直在我身边。我只能靠自己。"

"他们并不能总是保护我不受伤害。不好的事情总会发生。"

"他们并不能做出永远正确的决定。我有时得为他们的错误付出代价。"

"他们并不总是知道该做什么。我必须自己去应对生活。"

成长过程中一个令人痛苦的部分就是放弃相信父母可以提供安全感。比如青春期结束时迎来的一个巨大幻灭，"当我实现独立时，就可以管理自己的生活了！"毕竟，这不就是整个动荡的青春期想要达到的目标吗——能够自己说了算？但现在，在对25岁左右的青少年所做的咨询中，我听到的不是胜利的呼喊："终于自由了！"而是绝望的呻吟："现在生活全靠我自己了！"发生了什么？

一个令人悲哀的现实是，当父母放任不管，选择靠边站时，"体制"就会取而代之。青少年终于发现，父母的保护提供了一个避难所，使他们不必直接面对社会权威更复杂、更武断的要求，这一认识的震撼性不亚于晴天霹雳。与社会上那些必须无条件服从的、冰冷的"体制"相比，父母的态度更亲切，提出的要求更少，制定的规则也更灵活宽容。

现在，青少年不得不自己支付账单，不得不努力保住自己的工作，不得不在这个世界上杀出一条生路，所有这些都改变了青少年对自由的一些基本看法，这些自由是他们从前憧憬向往的，现在却发现它们不过是虚幻的梦想。

当谈到行动自由时，"我不能为所欲为。"

当谈到个性自由时，"我不能完全做我自己。"

当谈到言论自由时，"我不能畅所欲言。"

当谈到未来的自由时，"我不能想要什么就得到什么。"

这些现实可能让人一时难以接受。然而，我们可以从中吸取宝贵的教训。

为了和睦，有时必须学会与人相处；为了融入，有时必须学会适应；为了沟通，有时不得不闭嘴；为了成功，有时不得不退而求其次。

一个孩子一针见血地指出，"我现在唯一真正的自由是处理自己遇到的麻烦！"千言万语，都化作下面这几句伤感的总结："作为成年人的我，永远不可能像青少年时期那样自由了。在那个时候，我可以反抗，可以质疑权威，可以无视一些家规，可以特立独行，不必担心孤立无援。我想要的东西其实已经得到了，但当时我并不知道，那就是能得到父母的支持和照顾。"

他的愤怒是可以理解的。他真心觉得被自己在青少年时期所相信的东西误导了。有人给他开了一张关于"独立自由"的空头支票，那个人就是他自己。

第 17 章

苛求与压力

"我从没想到独立会这么难!"

让青少年做好准备去迎接成人生活的严峻挑战,是父母的职责。在"试独立期"(18～23 岁),青少年开始独立应对生活,各方面的要求都增加了,这可能会让他们不堪重负。当青少年说"需要学习和不断适应的东西实在是太多了"时,他们并没有撒谎。青春期的最后阶段往往是压力最大的阶段。这就是为什么父母要和这个年龄的青少年沟通压力的性质,并指导他们如何进行管理。父母可以向孩子解释,当人们的生活发生剧烈的变化时,他们通常会怎样应对这样的高压力期。伴随着"试独立期"而来的,是来自以下四个方面的足以改变生活的要求。

一是开始新的(比如搬出去和朋友一起住);二是停止旧的(比如不再需要父母的监督和帮助);三是增加做一些必做事情的频率(承担更多的自我管理职责);四是减少做一些习惯事情的频率(削减开支,量入为出)。正是因为有这么多成长的问题要处理,"试独立期"才让人觉得如此不堪重负。

以下是与压力有关的四个方面，父母可以与处于青春期最后阶段的孩子就此展开讨论。它们是：压力的主要来源、压力的警告信号、压力的三大看门人以及在压力下保持健康。

压力的主要来源

父母可以告诉孩子，在生活中，我们经常会被自己或别人分配很多要做的事情，而在有限的个人资源或指定时间内，要轻松完成这些事情是不现实的。此时，常见的问题是："我能完成所有工作吗？如果我不能把所有的事情都做完，该怎么办？"压力会导致的主要情绪是焦虑，因为极端的要求会把人压得喘不过气来。

父母可以向孩子解释，为什么我们感受到的大部分压力来自这种被过度要求的体验。为什么？因为满足这些要求需要能量，而每个人的能量供应（一个人做事和采取行动的潜力）是有限的。当满足要求需要的能量超过了可用的能量时，人们就得依靠压力来迫使自己的系统产生紧急能源。压力是一种功能性的生存反应。

例如，一名大学新生因生病而未能完成作业，压力之下，硬逼着自己熬了一个通宵，完成了他原本没有把握完成的课堂作业。第二天，他累坏了。这是偶尔承受极端压力的结果。在紧急时刻，迸发大量能量会让人筋疲力尽。如果他重复这样的行为，不断依靠压力来满足生活中的各种需求，而不是偶尔为之时，身体上和精神上都会吃不消。这就是为什么父母要劝告孩子不要把压力变成一种习惯。

有一种常见的压力习惯是青少年可能从高中开始就养成的，那就是拖延，即把需要现在做的事情推迟到以后做，或者推迟到更晚，直到最后一分钟才手忙脚乱地去完成，或者被迫通过协商紧急延期。在任何一种情况下，拖延都会导致压力大增，而这种情况是完全可以避免的，只要他们的反应能更迅速一点。当青少年习惯了在工作中玩这种先"束之高阁"再

"十万火急"的游戏时,就会故意把自己置于压力之下,依赖压力来做事。让青少年在离开父母之前养成及时完成工作的习惯,这是父母应该为高中阶段的孩子设定的目标之一。父母可以提醒孩子,持续的慢性压力会让人的身体系统逐渐衰竭。

压力的警告信号

过度要求会带来持续性的压力,产生严重的后果,所以,青少年要了解一些常见的警告信号。父母可以根据自己的经验,按照其严重程度,依次列举4种可能出现的症状。

1. 警惕持续性的疲劳感:"我总是感觉很累。"疲劳就像一种能改变精神和情绪的药物,会随着时间的推移让人越来越沮丧和消极。持续的压力会消磨一个人积极的态度。
2. 警惕甩不掉的不适感:"我总是感到忧虑和疼痛。"这时当然可以去做医学检查,但还需要考虑的是,身体和精神会以痛苦的方式记录压力。持续的压力可能造成真切的伤害。
3. 警惕情绪性的倦怠感:"我对平常在意的那些东西已经不关心了。"当历来很受重视的事情不再受到重视时,这种变化是值得关注的。持续的压力会令人抑郁。
4. 警惕身体上的崩溃感:"我好像不能正常运转了。"当自觉无法通过努力来调节功能性的不正常时,就必须对生活中的各种要求加倍小心。持续的压力会使人衰弱。

不幸的是,由于压力水平是不断累积的,当一个人到达崩溃点时,他通常正承受着某种程度的疲劳、疼痛和倦怠。父母可以告诉孩子,过度要求带来的持续性压力可能会导致很严重的后果,所以必须不间断地监控自己的健康状况。持续的压力会侵蚀适应能力并损害健康。父母可以建议青少年千万不要忽视这一体验，也不要自行服药来消除身体发出的各种警告信号，而是要留心这些警告信号想传达的信息。父母也可以提一些建议，帮助孩子减轻负担。

压力的三大看门人

只有把来自自己、他人和世界的要求控制在合理的能量消耗范围内，压力才能得到缓解。父母可以告诉孩子，有三个看门人在控制要求的主要来源：目标、标准和界限。它们各自调节不同的要求来源。以高中时青少年可能会与这些压力看门人打交道的方式为例。

目标。目标与青少年想做多少事情有关。这是抱负的问题。如果她立志成为一名学生领袖，并为此加班加点地工作，减掉15磅体重，设法在学校的戏剧中担任主角，那她就是在为自己创造一种高要求的生活，一种极有可能充满压力的生活。"我要做的事情太多了。"

标准。标准与青少年在任何时候都必须达到的做事圆满程度有关。这是关于完美的问题。如果他立志保持4.0的平均分，要赢得所有参与的比赛，并且做到零失误，那么压力降临到他身上的可能性就非常大。"我不能容忍自己犯错。"

界限。界限与拒绝有关，与拒绝他人或自己的要求以避免承担太多责任有关。如果她认为不能对别人说"不"，因为怕让别人不高兴，或者她不能对自己说"不"，因为怕让自己失望，那么，在面对过度要求和该要求可能带来的压力时，她就守不住自己的边界。"我无法拒绝请求或拒绝机会。"

简单地说，孩子对目标、标准和界限的要求越高，他在生活中对自己提出的要求就越多，因过多要求而产生压力的风险也就越高。减小这种压力的唯一方法是重新设定目标、标准和界限，让要求变得适度。目标、标准和界限不是先天注定的，是可以选择的。它们一开始是由父母为孩子设定的，但随着青春期的到来，父母会越来越多地把决定权交给青少年，所以在高中结束时，青少年要开始为自己设定个人目标、标准和界限了。父母可以鼓励他们承担起这一责任。

对年龄较大的青少年来说，如果设定的目标、标准和界限不切实际，就是对自己的过度要求。细心的父母可能会问："高中毕业后，就更多地靠你自己了，你想爬多高，想表现得多好，想承担多少呢？至于该做什么，该做到哪种程度，以后全由你说了算。"

在压力下保持健康

在青春期末期，压力的来源主要是过度要求和自我忽视。在第一种情况下，能量被过度消耗；在第二种情况下，则是营养不足。按照一般规律，如果没有足够的自我维护，能量就会下降。随着能量的降低，能完成的事情也会越来越少。在"试独立期"，如何保持能量充足是一个持续的挑战。如何做到这一点呢？可以考虑下面的方法。

个人能量（一个人做事和行动的潜力）如何得以保持？不妨先来看看青少年消耗能量的两种方式。首先是用于维护性活动。维护意味着满足反复出现的需求和欲望，这些需求和欲望对于人们在自我感觉良好的状态下度日是至关重要的，可以保证他们有充足的能量得以支配。维护是例行的自我照顾。它包括许多基本的生命支持活动，如吃饭、睡觉、谋生、搞卫生、做家务、觅食、放松、锻炼、社交，以及许多其他活动。事实上，这些基本的日常活动有很多，如果把它们都列举出来，你会发现，在一个人每天需要完成的事情中，90%都可以被认为是基本自我维护的一部分。

自我维护需要消耗巨大的能量，所以人们会理所当然地认为，大多数青少年会把保证能量充足放在第一位，但事实并非如此。为什么会这样呢？想想看，有谁会对青少年说（或者青少年对自己说）："祝贺你，你已经完成了基本工作，又坚持了一天！"一般情况下很少。为什么？一般来说，维护是意料中的事，并且被认为理所当然，它远不如另一种更刺激的能量投资方式那样受人重视，那就是"变化"。

我们不妨来对比一下这两种不同能量消耗方式的重要性。"变化"强调完成新的、更多的、不同的、更好的、更快的事情。变化让人感到刺激和兴奋，可以让人实现目标、获得改善、取得进步并达到成功。为了拥有美好的未来，青少年会专注于实现积极的改变，无论是教育、职业、金钱还是人际关系。

相比之下，"维护"会让人感觉单调乏味，因为它的目标更保守，也不那么吸引人。它强调重复旧有，保持不变。持续做同样的事情，也许还会做得更少，甚至有时候会有意慢下来。"维护"与维持、支持、放松和更新有关。因此，虽然青少年可能更容易被变化带来的兴奋所吸引，但老年人（比如他们的父母）可能会更专注于那些维护性活动。代沟就是这样产生的。

在"试独立期"可能出现的困境是，除非认识到维护活动在健康方面的重要性并看到回报，否则青少年就有低估甚至忽视基本自我照顾的危险。对变化的能量投入是以牺牲维护为代价的，而且会导致青少年身心俱疲。"我有太多想做的事情，因此不得不放弃很多需要做的事情，比如睡整晚的好觉、经常锻炼、健康饮食、和我爱的人共度美好时光等。有时，我觉得自己牺牲得太多了！"

根据我的了解，青春期末期最常见的维护问题就是睡眠不足。"因为我有很多不得不做和想做的事情，所以只能放弃一些休息时间。"但事实并非如此，因为睡眠不足会导致持续的疲劳、情绪低落、易怒、注意力不集中和健忘，所有这些都会让你效率更低。最好想办法让自己获得充足的睡眠。记住，极端的睡眠剥夺是很痛苦的。

青少年要保持健康，"变化"和"维护"缺一不可，前者关乎身体的成长，后者维持基本功能，必须让它们保持平衡。如果"维护"需要每天消耗90%的能量，那剩下的10%就可以用于"变化"了。为未来的目标奋斗很重要，维持目前的需求也同样不容忽视。

　　对每个人而言，如何保持维护与变化之间的良好平衡都是一个持续终身的挑战，但这方面的教育在青少年成长的最后阶段才真正开始。因此，父母可以给出如下建议，帮助孩子应对过度要求带来的压力。

- 一定要认识到，个人能量是一种有限的、容易耗尽的、至关重要的资源，所以要谨慎使用。
- 对压力的三大看门人负责，设定合理的目标、标准和界限，让它们在切合实际的要求下运作。
- 不要一味追求"变化"而忽视了最基本的"维护"，否则你会被压垮。

第 18 章

自律的必要

"有时,我真怀念有人告诉我该做什么的日子!"

这是一个无法回避的话题。对青少年而言,要真正做到独立自主,需要大量的自律。关于自律,可以将之视为激励我们自己去完成一些必要任务的能力,而这些任务往往艰巨乏味、令人厌烦。自律与职业道德有很大的关系,它能把人的积极性调动起来去完成需要完成的事情。

要理解自律带来的挑战,不妨看看这一对比。在青春期开始的时候,青少年对纪律的强烈抗议常常是:"你们不能勉强我!"因为此时父母是统治权威。然而,在青春期即将结束的时候,他们的呼声往往变成:"我没法勉强自己!"因为现在青少年已成为他们自己的统治权威,他们必须努力激励和引导自己。在目睹这一痛苦的自我挣扎时,我总是会想起漫画家沃尔特·凯利的话:"我们遇到了敌人,敌人就是我们自己!"

在青春期的最后阶段(也就是"试独立期"),缺乏自律的青少年会遭受很多失败,这在大学平均留校率仅约 50% 这一现状中得到了部分体现(参见《大学留校率杂志》)。我认为,造成高退学率的一个重要原因就是缺乏足够的自律。

那么，父母应该培养孩子什么样的自律技能，让他们在离开父母后能自力更生呢？思考一下这五个 C：专心致志（Concentration）、有始有终（Completion）、始终如一（Consistency）、信守承诺（Commitment）和懂得合作（Cooperation）。关于这五项技能，一定要记住它们是习得的，是可以通过练习来保持和改进的。下面我们依次对它们进行讨论。

专心致志

专心致志是很难得的，因为它要求你将注意力集中于手头的事务，并克制自己，不分心、不贪玩。正因为如此，不同孩子在完成相同数量的家庭作业时，所花费的时间可能天差地别。如果一个孩子能够持续地集中注意力，不被其他事物分神，不被娱乐活动诱惑，他就能快速高效地完成任务。相反，如果一个孩子又爱分心又贪玩，就很有可能磨洋工，因为他不但经常被打断，还时不时需要放松、消遣。

专注于自己喜欢做的事，比专注于自己不喜欢做的事要容易得多。因此，你家孩子可能会轻松花几个小时玩电脑游戏或发短信取乐，却无法在短时间内专注于那些没乐趣或没回报的事情，比如分配给他的工作。

专心致志就是让注意力高度集中。父母可以建议："要做到专心致志，就要练习长时间专注于一项任务，真正体会到注意广度增加的好处。"

有始有终

有始有终是很难得的，因为它需要从头到尾贯彻落实。有时候，目标会变得难以实现，这时就需要我们格外努力。要完成一项任务，就得在疲劳和挫折面前咬牙坚持。这在很大程度上取决于目标的吸引力和青少年的奉献精神。在举步维艰时，一些对挫折耐受力低的青少年很容易放弃。也许他们确实想实现一个目标，但却在途中被一点点磨灭了斗志。执行过程总是让人倍感艰辛，所以半途而废比彻底完成更容易。不过，也有一些青少年在面对挫折时会付出百倍努力，去完成他们的原定计划。

有始有终就是给已经开始的事情画上圆满的句号。父母可以建议："要做到有始有终，你可以把要做的事情分解成能控制的一个个步骤，做到每一步都心里有数。"

始终如一

始终如一是很难得的，因为持续的努力才能达到持续的效果。重复可以让一些重要的行为或表现保持在一定的水平，比如按时上交作业或一丝不苟地备考。经常做一件事情就可以把它变成一种习惯，高效的工作习惯就是这么来的。就像一位雄心勃勃的年轻音乐家所说的那样，"保持和精进技能的唯一方法就是每日练习。"所以，如果青少年希望身体健康，就要经常锻炼。但有的孩子既想要"有型"又不能坚持锻炼。

一件事情，只在想做的时候才努力一下，远比把它变成一种自动化习惯容易得多。始终如一意味着重复某件事情，即使不喜欢，也要容忍无聊，因为重复本身就会让人感到厌倦和无聊。当下短暂的努力往往不如累积的结果有意义。"我喜欢一直保持健康，但不喜欢一直锻炼。"

始终如一能让重复性的努力得以维持。父母可以建议："要做到始终如一，你可以重复做某件事情，不断提醒自己。"

信守承诺

信守承诺是很难得的。承诺就像签订了合同，表示一个人同意遵守诺言。对于一个信守承诺的孩子，人们可以相信他是言出必行的，他也可以信任自己。一个违背与自己和他人约定的孩子不仅完成不了任务，而且也不值得信任。"人们不相信我会按我说的去做，我自己也不相信。"当青少年没有按照承诺去做时，他们就成了违约的受害者。许下承诺比信守承诺要容易得多。就像新年的决心那样，一个承诺是代替不了具体行动的。

信守承诺是达成协议的保证。父母可以建议："要做到信守承诺，你得先去体会一下，做一个说话算话的人是不是感觉很好，会不会让你的自尊心得到极大的满足。"

懂得合作

懂得合作是很难得的，因为在合作中个人必须牺牲一些自我利益，来实现某个目标并与他人和谐相处。一个人越独立，合作关系就越重要。要单打独斗地在这个世界上闯出一片天地是很难的。想和别人一起工作和玩耍，就必须找到和他人的共同点，联合各方力量，有时需要妥协，有时需要让步。如果青少年参加过团队活动或学生组织，他就知道该如何依靠他人来取得成功，以及如何协助他人取得成功，这样的认识会给他带来莫大的好处。从这个意义上说，一个懂得合作的人比一个独行侠更容易成功。虽然在年纪稍长后，单打独斗、只专注于实现个人目标会感觉轻松一点，但在那些重要的人际关系和工作场合中，为了取得成功，对妥协和合作的要求会持续增加。

合作需要考虑共同利益。正所谓"一人计短，二人计长"，你好我好，大家才好。父母可以建议："要学会与人合作，你得先明白，团结协作比单打独斗更容易成功。"

由于这五种自律的技能大多是从经验中学到的，所以对青少年来说，什么时候开始练习都不晚。由此形成的自律会对年纪稍长的青少年的生活产生重大影响："我终于有动力了！""我不再徒劳无功了！""我找到自己的立足点了！""我是团队的一员了！""我终于有进步了！"这让忧心忡忡的父母松了一口气："我们以前担心她不能把日子过好，现在看她还行！"

自律使人独立、自尊。所以，如果可能的话，不要在孩子还无法做到下列事情之前就撒手不管：

- 能专注于需要做的事情。
- 能完成已经开始的事情。
- 能保持重要工作的连续性。
- 能信守对自己和他人的承诺。
- 能牺牲一些个人利益与他人合作。

自律能够帮助年长的青少年站稳脚跟、自力更生。

第 19 章

争取独立

"我很高兴有家可回,但我希望第一次出去就能立足。"

在青春期最后也是最复杂的阶段,青少年必须放弃他们已经习惯的依赖,敢于走出他们习惯的舒适圈,独立自主地为人处世。一面是还没有做好足够充分的准备,一面是必须面对的全新要求,处在夹缝中的青少年可能会有一种腹背受敌的感觉。在 2011 年出版的《归巢族》(*Boomerang Kids*)一书中,我对这种复杂性做了全面的描述。

这是一个充满挑战的时期,下面我们就从三个方面来加以思考:当生活有不堪承受之重时、当来自父母的指导有所帮助时、当青少年重返家园时。

当生活有不堪承受之重时

在青春期的最后阶段,青少年必须应对生活中各种复杂的情况。此时，他们对世事有了更多了解，但也面临着更多世俗的挑战；有了更多独立自主权，但也有更多事情需要自己解决；能做的事情更多了，但也要放弃更多重要的东西；有了更多期望已久的自由，但也需要承担更多的责任；可以更多地享受当家做主，但也需要学会如何更好地自我管理。难怪有些青少年会怀念熟悉的过往，害怕未知的将来，他们觉得自己还没有准备好，不愿意进一步长大。就像青春期早期的孩子对于童年结束怀着复杂的感情一样，在"试独立期"的青少年也有很多深感矛盾和焦虑的理由。因此，青少年可能既憧憬未来，又怀念过去，体会到了真切的内心冲突。

以一个选择坚持停留在"学生"模式的青少年为例，因为还没有做好承担成人责任的准备，所以选择赖在教育准备阶段，不想进入下一个人生阶段并承担相应义务。几年下来，他有好多课程没有修完，中途换了好几次专业，就这样争取到了在社区大学再待一年的机会，可以理直气壮地继续得到父母的支持。因为他老是修不完课程，针对这种模式，父母提出，他们可以继续为他支付学费，但方式会有所改变。与以往由父母预付学费不同，他得自行解决学费问题。他可以去找份工作，存下一年的钱来支付下一次的学费，父母可以和他达成协议，在修完全部课程后，把所有学费一次性补给他。

在这个阶段，生活需求的多样性和重要性会让青少年感到难以承受。正如上一章中提到的，令人大跌眼镜的大学平均留校率（根据《大学留校率杂志》，大约为50%），就是难堪的证据，证明因在高中准备不足而导致进入大学后不知所措的大一新生有很多。身为父母，如果你有一个适应不了大学新环境的孩子，可以建议他去寻求帮助。除了情绪危机外，如果感受到了明显的压力，就建议他在去心理健康中心之前先联系学校的心理咨询中心，就这些敏感情绪寻求支持和教育指导，因为心理健康中心可能一上来就开处方药。在送孩子去大学时，鉴于这是重大的人生调整，父母要做到对孩子的情况定期进行了解，以掌握孩子的适应情况。这并不是"直升机式教育"，之所以如此，是因为我在咨询过程中发现，孩子在进入下一个成长阶段时，父母的职责只是总体完成了，但还没有完全结束，仍然需要适度地参与。父母不希望看到，当孩子遇到重大困难时，只是一味地陷入焦虑或沮丧，却不告诉父母或其他人发生了什么。"我的情绪出了问题，但不想告诉任何人。因为我觉得自己已经长大了，应该独立生活，独自承受不快乐。可这么做的时候，我的生活变得更糟了。"

虽然在青春期的大部分时间里，自由看起来是那么诱人、刺激，但在即将迈入成年的大门时，自由可能会让人感到恐惧和挫败。大多数青少年都还没有做好充分的准备，无法满足独立自主的要求，这就是为什么青春期的这个最后阶段是"试独立"，此时父母的支持在某种程度上仍然存在。之所以称之为"试独立"，是因为作为"成年练习生"，你必须忍受失误和失败，为了站稳脚跟而一路摸爬滚打，不断从错误中吸取教训。此时，犯错简直就是家常便饭，所以青少年对自己没什么信心："我总是把事情搞砸！"

在这个关键时刻，父母不能批评孩子，因为他们已经开始自我批评了。父母需要克制自己，不要表现出担忧，因为青少年已经够忧心忡忡了，父母的担忧很可能被视为不信任投票。父母只需鼓励孩子从过去的错误中吸取教训，认可他们的进步，并支持他们去做好下一步的规划。

在这个年龄，青少年极易感到无根（rootless）、无助（helpless）、无用（useless）、无目的（aimless）、无价值（worthless），甚至无希望（hopeless）。"less"这个后缀是有意味的，因为它意味着青少年感觉现在的自己比在高中阶段时"更少"了，也就是说高中阶段"更多"，有更多什么呢？和周围的世界有更多联结，有更多能力，更有方向，更有用，更受重视，更有希望。在最后阶段的"试独立"中，"我感觉自己陷入了困境"是我在咨询中经常听到的抱怨。或者，"我一事无成！"但在大多数情况下，青少年只是觉得"陷入了困境"。仔细观察就会发现，他们正在成长，并从生活中吸取了宝贵的教训。他们在重振士气和不断尝试中形成了坚韧不拔的精神和适应能力，在面对挑战时表现得更有勇气了，懂得了更多人情世故，获得了更多经验。所以，他们其实正在进步，只是挫折和沮丧蒙蔽了他们的双眼，让他们难以看清这些进步。父母可以帮助孩子认识到这一艰难的过程。"吃一堑，才能长一智，虽然过程痛苦，但教训宝贵。"

在人生这一阶段，仍然轻松自在的青少年可能有些逃避现实。事实上，他们心里可能充斥着自我怀疑，正在与一大堆迫在眉睫的、令人不安的、难以找到安心答案的问题做斗争。例如下面这 11 个问题：

1. "我能走出自己的路吗？"
2. "我能让生活一切顺利吗？"
3. "我能产生工作的动力吗？"
4. "我能成功实现更独立的生活吗？"
5. "我能为未来的成功做好准备吗？"
6. "我能应对糟糕选择的后果吗？"
7. "我能找到解决问题的方法吗？"
8. "我能依靠自己去做我认为正确的事情吗？"
9. "与家人分开后，我能保持健康和快乐吗？"
10. "经济上我能节流或者开源吗？"
11. "我能应付压力和打击吗？"

在面对生活中的众多不确定时，对这些问题的否定回答无疑在青少年心中播下了自我怀疑的种子。更糟糕的是，它们让青少年失去了继续前进的自信。在关于自我管理的问题上，这个年龄段的青少年正处于一个非常重要的选择点——是怀疑自己还是相信自己。他们最终选择的态度与他们采取的行动有关。

怀疑令人踌躇退缩，而自信令人斗志昂扬。因此，父母应该鼓励青少年避开前者，拥抱后者。"的确，现在你的生活中有不少困难，但别忘了，很多事情能够顺利进行，都是你自己的功劳。"怀疑过早地否定了那些积极的可能性，并创造了可悲的自我实现预言。怀疑是一个失败者，它认为

"我不能"，而自信则认为"我能"。当然，自信并不能保证一定成功，但会让青少年继续努力，追求更高的目的。这就是为什么询问一些"肯定性行动问题"可以化解自我怀疑，比如"如果我不是充满怀疑，而是满怀信心，那么，为了自身利益，我会怎么做呢？"然后，鼓励青少年尝试那个新方案。

例如，在这个问题的鼓励下，求职的青少年不再因没收到回复而任由工作申请石沉大海，而是决定主动打电话给雇主了解申请状态。这类行动有助于让人保持希望，掌握主动权。

不仅如此，它还有助于让青少年认识到，他们正在走向成年，面临着人生最具挑战性的变化。在青春期结束时，偶尔感到难以承受是正常的，是可接受的，但任由这种"难以承受"的感觉导致拖延、回避或者逃避应该做的事情就不应该了。在这个年龄，网络娱乐、社交聚会和物质使用会导致自暴自弃，这是成长的大敌。再次提醒大家：如果严重的焦虑或沮丧让青少年开始以自我挫败（"我真是个失败者！"）或自我毁灭（"我不想活了！"）的方式思考和说话，一定要给他们寻求一些咨询帮助。父母应和孩子保持充分的联系，监控孩子离家后的转变。不在眼皮子底下并不意味着不需要操心了。一定要保持足够的沟通，密切关注孩子正在进行的调整。

最后，要认识到青春期最后这一阶段是最需要勇气的阶段。此时，要勇敢地面对自信水平偏低的自己和不确定性偏高的现实，寻找进入青年期的切入点。当然，生活并不会从此变得稍微容易一些，但在满足了独立要求后，青少年就会拥有更多力量和更多自信，足以应对接下来的任何重大挑战。注意，在这个年龄，让父母意外的是，此时的青少年比以往更需要父母的帮助。

当来自父母的指导有所帮助时

一些父母认为，当他们的子女从高中毕业时，青春期就到了尾声，属于成人的独立开始了，他们的养育工作也就基本完成了。但是，父母最好告诉自己"还不到结束的时候"，还有很多育儿游戏等着你通关呢。

父母应该明白，在大多数情况下，青春期最艰难的阶段往往姗姗来迟。在这个年龄，青少年面临着一项让他们心生怯意的任务，那就是不得不与家人分开生活，要手忙脚乱地承担起生活的责任，着手规划通向未知前程的道路。

这个时候，他们必须在展开翅膀的同时站稳脚跟，在不知前路的同时看清脚下的路，在不断犯错的同时表现得更成熟。需要学习的东西太多了。让青少年遗憾也让父母沮丧的是，属于青春期跑道的这最后一圈，正是挫折和意外经常发生的地方。

年龄稍大一些的青少年必须更多地依靠自己，这并不意味着他们不需要父母参与他们的生活。事实上，由于"试独立"带来的各种挑战，此时青少年比以往任何时候都更需要父母，只不过需要的方式有所不同。在青春期的最后阶段，育儿的基本规则发生了重大变化。管理式育儿的时代已经结束，指导式育儿的时代到来了。父母必须从管理者（以权威身份实施监督和管理）的垂直角色转变为水平角色，成为指导者（提供个人分享、咨询和更多来自同伴视角的建议）。

幸运的是，当子女的"试独立期"到来时，父母有了参与孩子成长的机会。当高中生还在家时，他们可能无意征询父母的建议，因为这无疑是承认自己的无知或无能，而那个时候他们更想让父母相信自己一切尽在掌握中，无须父母过问。

然后，父母可能会体验到一次惊喜。在青春期末期，一旦踏出家门，青少年就会陡然面临许多现实挑战，这些挑战来自他们还没有完全做好独立生活的准备。突然之间，生活对他们提出了各种比以往复杂得多的要求，而他们对此显然缺乏应对经验。在这个过程中，青少年对父母的看法往往会发生改变。在高中阶段，青少年眼中的成年人并没有什么值得传授的知识，但现在，他们突然变得重要了，因为青少年可以从他们那里得到关于人情世故的建议。在"试独立期",当青少年对自己拥有的实践知识越来越不自信时,他们会对父母所拥有的知识越来越欣赏。作家马克·吐温说得很对,"14岁的时候,我觉得父亲啥都不懂,和他待在一起真让人受不了。21岁的时候,我惊讶地发现,这个老家伙居然在7年时间里学了那么多东西。"

如果说以往没把父母的经验当回事,那么现在正拽着青春期尾巴的青少年则迫切需要父母的"智囊"——从更多生活阅历中积累的来之不易的智慧,可以让青少年实实在在地从中受益。这些经验智慧包括如何成为一个精明的消费者、如何负担大额采购、如何了解合同、如何为解决生活难题寻求咨询、如何避免父母在他们这个年龄时落入的一系列陷阱,或者在不幸中招时如何从痛苦中恢复。在"试独立期",青少年会由衷欢迎父母向他们传授的生活经验,只要这些知识是以合作的方式提供的,而不是命令式、纠正式或批评式的。"在我有太多东西需要了解时,我真的很感激父母能分享他们的知识经验。他们在我这个年纪的时候也无知过,也犯过很多错!"

父母比子女拥有更多的生活经验,而且对孩子深有了解,所以,父母可以通过各种形式向子女提供丰富的知识,比如回忆过去、提供信息、加以指导、给出建议、做好准备、做出预测、解决问题、帮助、训练、分享亲身体会等。那么,作为"智囊团"的核心成员,父母应该向孩子提供哪些指导性知识呢?

过往记忆

没有人比父母对青少年更了解,他们对孩子成长的每一步都心里有数。"我们知道,大学的这次失恋让你很痛苦,但我们记得你五年级时,那个你最好的邻居朋友搬走后,你是怎样从痛苦中走出来的。既然当时你就有能力承受那么大的打击,自己调整过来了,那么我们相信现在你也能挺过来。让我们来谈谈具体该怎么做。"

相似之处

每个家长都和自己的孩子有某些相似之处，可以从中寻找一些对孩子有用的东西。"你当然和我不一样，但在某些方面还是有些相似的。比如说，你和我一样，喜欢让自己忙起来，什么事情都想去参与。这就是为什么你在高中干了那么多事，有时候把自己都累坏了。所以，我想告诉你我是如何抵挡诱惑，不让自己承担太多责任的。这些年来，我学会了如何区分轻重缓急，采取了一些策略来提高办事效率。我还学会了对自己说'不'，其实一个人最难拒绝的就是自己！下面我就和你说说，我用了哪些方法来让自己保持自律、节制。"

人情世故

父母走过的桥可能比孩子走过的路还多，拥有比青少年丰富得多的生活经验，所以他们可以帮助成长中的孩子对生活多一些了解。尤其是当青少年被同龄人灌输了一些不尽不实的信息时，父母要提出质疑并进行纠正。"我不是说你从朋友那里听到的都是错的，但有时候可能并不完全正确。你可能听说过诸如'在健身俱乐部违约不会被追责''疲劳时用点兴奋剂对身体无害''不用理停车罚单，警察还有更严重的违法行为要追究，所以不用担心'的说法。我只是想让你知道，我的亲身经历与这些说法根本不符。"

自我管理

父母们都经历过生活的艰难曲折，并在摸爬滚打中学会了如何控制自己，这些经验对孩子可能很有帮助。"犯错让你懊恼难过，我理解。即使到了我这个年纪，做错事情时还是会挠头。这个时候我很容易自责，恨自己为什么事前不放聪明点儿。事后我可能会惩罚自己，但这样做的后果是雪上加霜，下一次遇到这种情况时更不知道怎么办了。所以，根据我的经验，吃了苦头也长了教训之后，就不要纠结了，放下包袱，轻装上阵。就像那些经验丰富的运动员一样，不管上一场打得多烂都不往心里去，这样才能打好下一场。"

警示故事

父母可以分享一些他们在成长过程中犯过的错误，这些经历是很有价值的，它们可以让青少年通过替代性学习避免同样的不愉快体验。"看到你上大学，我想起了我大学一年级时发生的一件不愉快的事，希望你能避免。在吃了很多亏之后，我才明白了两个道理：一是"一人做事一人当"；二是"遇事别总责怪自己"。我以前从没参加过大学聚会。因为太紧张，我喝酒的时候总是喝得太多、太快，稀里糊涂地不知道别人对我做了什么，等明白时为时已晚。关于大学饮酒，我可以告诉你的是，虽然它可能会让你在当下更有社交安全感，但肯定也会让你在与人交往时更不安全。"

问题解决

在青春期的最后阶段，父母在背后的出谋划策非常重要，因为青少年此时已走出家门，承担起比以往任何时候都更沉重的生活管理责任。在这个时候，大多数青少年并不能马上就在外面的世界站稳脚跟，而是会犯各种失误，导致生活出现重大问题。感到自己就要被压垮的青少年只需打个电话，就能得到父母的指点。他们可以描述自己是如何陷入麻烦的，具有丰富阅历的父母则会告诉他们该如何走出麻烦。"我不假思索地刷了信用卡，现在欠下了前所未有的债务。我该怎么办呢？"

在青春期的最后阶段，能让青少年头脑不清、做事不力的情形太多了，他们可能会被那些行为放纵的同龄人诱惑，与成人规则及法律对着干，在随着独立而来的种种要求中不知所措。在这段时期，他们期望自己能够更自立、更少依赖父母，父母也期望他们能够如此，但其实他们这个时候恨不得多长一个脑子，也比以往任何时候都更需要父母提供的好主意。

随着青春期走向结束，父母管得越来越少，但不能对孩子不闻不问。相反，父母要明确地让孩子知道，他们会一直是孩子随时可垂询的"智囊团"。

但是，在青春期的最后阶段，如果成年人以管理型家长的姿态闯入并试图控制青少年陷入困境的生活，是有风险的，因为这样做可能会使孩子得不到教训，迟迟不能自力更生。父母给予的帮助过多，可能会导致孩子的依赖期延长。如果父母急于指责孩子的失败和缺点，可能会导致亲子间关系疏远、交流减少，因为青少年不愿再受父母的严厉谴责。

"与其听他们埋怨，我宁愿他们什么都不管！"

在这个迫切需要亲子沟通的非常时期，为了维持与孩子之间的有效联系，父母需要建立一种协作式的指导关系，在这种关系中，他们之间有更多的平等，在相互尊重的前提下生活在一起。也就是说，这种指导关系是建立在相互尊重的基础上的。在这种关系中，父母要尊重青少年独立做出决定、独立承担后果的权利，青少年则要尊重父母来自更多生活阅历的智慧。

指导应该是一种有共识的、协商式的、协作型的关系，父母帮助孩子解决问题，分享他们的经验和想法。"根据你描述的困难，我们可以提供以下问题解决方法供你选择。当然，这是你的生活，你最了解，所以怎么决定完全取决于你。"

父母所能提供的经验往往得来不易，这是他们从惨痛的经历和错误中得到的教训。比如，"根据我的经验，你可以考虑一下，有没有这样一种可能性……一定要管好你的钱，解决好各种冲突，理清属于自己的责任和义务……注意自己的健康状况，注意给自己减压。这些注意事项对我有用，对你可能也一样。"

这种指导让青春期最后阶段的孩子有机会从父母更丰富的人生经历中

获益。为了有效履行这种新的家长角色，父母必须放弃所有纠正式的管教和地位上的优势。如果他们想要孩子心甘情愿来请教，就必须放弃所有可能会表达沮丧、不赞成、失望、担心、不耐烦和愤怒情绪的方式。当青少年不再担心会受到心理上的伤害时，就会鼓起勇气说出真心话，向父母求助。父母必须尊重青少年自己做决定的权利，即使他们不同意这些决定。父母不应再试图在生活中让孩子的行为屈从于他们的意志。在面对现实世界的后果时，青少年已经受到足够的教训了。父母要做的是共情、鼓励和给出建议。

在向孩子提供指导时，父母可以遵循下列三个原则。

建议之前先接纳。对青少年来说，这是一段难熬而脆弱的时期，如果父母不能接纳青少年独立选择的权利，没有通过这种接纳表达他们对孩子的尊重，孩子就会觉得不被父母认可，可能会因此对父母垒起高高的"心墙"，以此来自我保护。父母只有先予以接纳，让孩子敞开心扉才能让自己的建议得其门而入。

受到邀请才指导。指导需要在青少年的要求下进行。如果孩子希望有机会得到来自父母的建议，需要主动向父母开口。

就事论事别评判。为了保证自己提供的建议能被考虑，而不是立即遭到拒绝，父母给出的建议必须不带评判意味。不要提出任何批评意见，应该把重点放在具体的操作上，关注具体的行为、现象、事件及青少年的选择。

最后，指导需要耐心，因为青少年对独立的态度可能非常矛盾。他们真的很想负责任地自食其力，独当一面，但同时他们又真的不想那样。他们希望能自己照顾自己，同时又仍希望得到父母的照顾。所以，用保罗·西蒙的话说，就是在青春期的最后阶段，青少年越是接近独立，他们就越有可能"近乡情怯"，反而离这个目标越远。这就是为什么来自父母的教导能帮助青少年克服这种矛盾心理，并最终让他们自己站起来。

当青少年重返家园时

在青少年真正离家之后，父母期待自己的孩子从此开始独自飞翔，但青少年出师不利的现象是很常见的。例如，青少年可能会面临一系列的问题，如思乡、物质滥用、压力、过多自由、学业失败、失业、失恋、与室友不和、情感胁迫、对未来感到恐惧以及财务管理不善。

所以，很多父母发现，就在他们认为这个家变成空巢、子女成功单飞的时候，那个旧卧室又被那个回家的大孩子占据了——不是来做客的，而是来长住的。《纽约时报》援引的数据显示，在20多岁的青少年中，有40%至少会搬回父母家（"归巢族"）一次。（"20来岁的这群人怎么了"，《纽约时报》，2010年8月18日版）

也许是因为他们需要一个地方，帮助他们从繁重的工作或学习中跳出来喘口气；也许是因为他们在外立足不稳，遇到了一些生活危机，在重整旗鼓之前需要一个安全的地方来恢复元气。在必要的时候，他们需要把家当作避难所。不管怎样，这种回归会造成一种尴尬的局面。父母和青少年该如何定义亲子关系的这个新阶段？这可能是一曲尴舞。

在已经习惯了分开生活（不再朝夕相处并相互影响）之后，重新住到一起需要适应，因为父母和青少年都必须在这个过程中放弃一些自由。父母不能再对青少年的行为不闻不问，而青少年不能再远离父母监管而无拘无束。当父母纠结该在多大程度上重新扛起家长职责时，青少年则犹豫要在多大程度上放弃自主权。

双方通常都认为，既然孩子已经独立生活，而且年纪也不小了，大家应该以成年人的方式相处了。但此时，重返家庭可能使一切开始变得更难了。青少年认为，"我现在已经长大了，不用再向父母报告行踪了。"而父母想知道孩子多晚才能回家，这样他们就不用担心了。父母认为，"孩子已经大了，可以像我们希望的那样，整洁有序地生活了。"可是，青少年回家是想好好放松一下的，他们希望自己不用操心收拾东西之类的事情。

发生什么了？答案是"退行"。随着孩子的归来，一家人似乎又回到了离家之前的相处模式，过往对彼此的心理预期又回来了。父母坚持孩子晚上外出时要充分报备；孩子对父母分配的家务活置若罔闻，或者拖拖拉拉、敷衍了事。重返家庭通常会使双方的一些旧的行为习惯故态复萌，在青少年眼中，父母行为越界；而在父母看来，自己被孩子视为无物。

所以，有必要澄清对彼此的期望并承诺一些交换条件以达成共识。为了做出充分的澄清，双方必须明确回家的基本条件并达成一致；为了进行充分的交换，双方必须为接下来的和谐相处共同努力。

澄清期望

从我见过的"归巢"情形来看，如果父母能够预先说明他们的要求，那么孩子回家之后的相处就会比较愉快。如果对孩子采取"骑驴看唱本——走着瞧"的策略，父母可能就会发现孩子回来之后的生活不如人意。父母应该提出一套完整的条件，对青少年留在家中的这段时间做一些基本的安排，让双方都满意。因为青少年需要的是张开双臂热情欢迎他们的父母，不是满口抱怨的父母，父母应该让孩子知道要达到哪些基本要求，最必要的三个要求是：回家的目标、在家的限制和居家要求。

让我们从目标开始。回家的目标是什么？如果青少年说："想休息一下，在家里放松放松，忘记我的烦恼。"这个回答不足以成为父母允许他们回来的理由。下面的回答可能会更好，"想利用这段时间了解一些社区大学的课程，看看自己是否感兴趣；为了保住工作；为了存钱，这样一年后我就有足够的钱搬出去，重新独立生活。"一定要将回家的目标具体化，保证在完成该目标后，青少年获得了成长，为再次离家做了更好的准备，或者至少能让他确定什么时候再把离家的问题提上议事日程，例如 6 个月后。

接下来是限制问题。孩子住在家里时，父母想给他们设置哪些自由方面的限制呢？例如，在家请客、看电视、用电脑、开家里的车、吃厨房里的东西、借用父母的物品、工作日睡觉等，在做这些事情时有哪些限制？

当然，要设定的第一个限制就是能在家住。如果随便住，可能会让青少年无所事事的日子无限延长。

最后要考虑的是父母提出的要求。在时间和精力方面，他们对青少年有哪些要求？例如，在分担家庭责任、帮忙做家务、挣零花钱、为家人购物和做饭、照顾年幼弟妹等方面，父母有哪些要求？这些要求并不过分，而是有帮助的。它们能让青少年在家庭中发挥建设性的作用。

向一些父母提出这样的建议时，他们会摇摇头表示反对。"这样对待客人是不礼貌的！"

"没错，"我表示同意。"你不能把回家的孩子当成客人，而是应该把他们当成回家来干活的家庭成员，这样才能让每个人都满意（当然不是完全满意）。"

交换条件

为什么有些青少年回家后的生活会变得一团糟呢？一个最主要的原因就是，在与父母相处时，他们奉行的是一种单向原则，即完全以他们自己的方式行事，而父母接受了这种不公平，付出的代价是受伤和愤怒。其实，父母应该坚持互惠互利、礼尚往来的原则。孩子必须以双向而不是单向的方式与父母生活在一起。简单地说，这意味着奉献、合作和礼貌。

奉献。 当一方积极支持另一方的幸福时，就是在这段关系中做出了贡献。就像父母为青少年提供了一个安全基地一样，青少年也要做一些家务来帮助维持这个基地。

合作。 当一方为了让另一方得到想要的东西而有所付出时，合作就实现了。因此，当父母想知道青少年的夜生活计划，而青少年想对这些安排保密时，他们就要达成协议，让父母至少知道青少年回家的时间，而青少年也能拥有独立的社交生活。

礼貌。 当双方都尽力不去触碰对方的敏感之处时，这就是礼貌。因此，青少年保留了父母可以容忍的足够个人空间，父母也不会不断打探青少年与未来有关的计划。

如果青少年不愿满足父母提出的基本要求，不愿意与父母礼尚往来，父母也不必指责或生气。他们应尊重青少年的选择，可以这样说："我们明白，你已经到了只想按自己意愿生活的年龄，既然这样行不通，那我们就来谈谈你该做些什么别的生活安排吧。当然，只要你还和我们在一个城市，我们希望能一如既往地见到你。"

在无法立足时被允许回家，是青少年能从父母那里得到的巨大支持。那些无家可归的青少年可能不得不做出对他们不利的应急安排，可能会被迫待在一个不安全或有被利用风险的地方。回家是一种奢侈，并不是每个人都能享有。

有人把这种"归巢"现象称为"起飞失败"，但我认为这是一种有害的观点，也是一个伤人的词语。青少年只是需要从错误中学习，去练习还不熟练的自我管理技能，在家庭的庇护下成长，然后准备再次试着独立。给孩子贴上没有做好充分准备的"失败者"标签，对青少年没有任何激励作用，就像给父母贴上没教育好孩子的标签对他们没有任何帮助一样。

对父母来说，无论面对的是不愿离家的孩子，还是"归巢"一族，他们都必须认识到，成长没有固定的时间表。有些人很早就独立了，而有些人则拖到很晚，这没什么大不了。父母要观察孩子是否表现出了日益成熟的迹象，是否采取了有助于独立承担责任的行动。即便发展得较慢，也是在发展，这很正常。每个孩子都在以自己的速度发展。

青春期的最后阶段通常也是最艰难的，所以父母需要密切关注孩子的适应过程，以防在此过程中出现情绪问题；需要在孩子请求时提供指导，从父母的个人生活经验中获得的教训和智慧可能会有所帮助；需要为孩子提供庇护，以防他们因立足不稳需暂时回家休整，等准备充分再重新出发。

当然，从积极的一面看，如果一切顺利，父母和"归巢"的孩子会得到一个意外的惊喜，即一段双方都能真正享受和珍惜的额外家庭时光。

第六部分

特殊情况

让青春期变得更紧张的因素

当然,每段青春都是独一无二的。在本书中,我尽量把一系列不同成长经历按照大致的发展顺序进行排列,这样父母就能预料到将会面对哪些典型的变化和挑战。除了虐待、忽视、贫困、遗弃和丧失这些能造成持续重大影响的生存问题外,还有一些次要的因素需要注意,我认为它们也足以让青春期变得更紧张,接下来我将对其中四个因素进行简要描述。

父母离异往往促使青少年更早独立;成长速度(不管是超前还是滞后)可能导致变化仓促发生;犟脾气的儿童会成长为更固执的青少年;关系亲密的独生子女和父母在分开时可能会很煎熬。

第 20 章

父母离异

"对我来说,父母离异并非世界末日,但原来的那个家不存在了。这真让人伤心。"

　　尽管父母离异的儿童和青少年很常见,但这并不意味着应该把父母的这一决定视为普通的家庭变化。在儿童和青少年的生活中,父母离异是一个充满负能量的事件、一个分水岭式的事件、一个具有持续影响的事件。说它是一个充满负能量的事件,是因为它让孩子永远失去了出生或被领养的那个完整的家庭,这是一种意义深远的丧失。说它是一个分水岭式的事件,是因为它历史性地将一个人的家庭分割成了两个部分:完整原生家庭的结束和双重家庭生活的开始。说它是一个具有持续影响的事件,是因为它影响着儿童和青少年的下一步发展。

　　接下来,我们要讨论的内容是:为什么父母离异影响深远;不同年龄的孩子对父母离异的不同反应;如何恢复对父母的信任;如何"走出"父母离异的阴影。

为什么父母离异影响深远

对很多孩子来说,父母离异是一个令人心碎的变化,这段婚姻的破裂让孩子深感痛苦,在体味痛苦的同时,肯定会重新定义他们与父母之间的关系。家庭将不复从前。

在孩子看来,有人际关系的丧失,有社会地位的混乱,有生活方式的调整,有更多的家庭复杂性,有情感上的剧变,还有刻骨铭心的教训——世上没有永恒的爱,爱意味着可能被伤害。父母离异会给孩子的生活带来巨大的变化,无论他们处于什么年龄。在目睹父母不再相爱,违背婚姻承诺,而自己不得不适应在两个不同家庭之间来回奔波,与父母中的其中一方生活在一起而另一方难得一见的生活时,孩子面对的是一个具有挑战性的陌生家庭环境。在孩子的人生经历中,父母离婚后的生活与从前相比发生了天翻地覆的变化。简单地说,当有孩子(不管年龄大小)的家庭以离婚收场时,会颠覆并重置以往的家庭生活规则。这时的孩子就像一条小船,他们本来满怀信任地依赖着这个家,而父母离异就像断开了这条小船与家庭之间的缆绳,在某种程度上相当于把他们放逐到社会上随波逐流,也就是在这个时候,孩子决心开始自己驾驭生活。

在最坏的情况下,如果父母无法在情感上接受导致他们感情破裂的分歧——不管这种分歧是什么,也无法让往事翻篇、向前看,更做不到为孩子的幸福而共同努力,离婚后他们仍然会冲突不断。在这种令人遗憾的情形下,那些痛苦感受和冲突行为会造成父母之间持续的不和,而青少年不得不痛苦地周旋其中。"他们现在相处得比以前还糟!有时我觉得他们对彼此的恨远远超过了对我们这些孩子的爱!"离异的父母需要尽可能地放下悲痛和不满,重新承诺共同抚养孩子。

不同年龄,不同反应

面对父母的离异,儿童和青少年的反应有何不同呢?下面,我们来讨论一下可以对两者进行区分的方法，接下来还会探讨一些在生活中可能出现的、会让青春期变得越发紧张的变化。注意，我在这里谈论的是趋势，而不是必然。

我认为，孩子们对于父母离异的反应可能会有所不同，这取决于他们的年龄——是仍然年幼，还是到了八九岁，抑或是已进入青春期。一般来说，父母离异通常会让儿童的依赖性变得更强，却往往会促进青少年的独立；儿童会因父母离异而悲伤，而青少年的感受则是不满；儿童会因此出现退行反应，而青少年的反应则更为激进。为什么会出现这些变化呢？

父母离异与儿童

儿童的世界是一个依赖的世界，他们与父母关系密切，视父母为最喜欢的伙伴，严重依赖父母的照顾，家庭是他们社交生活的主要场所。而青少年的世界是一个更加独立的世界，与父母更为疏离，更自给自足，最喜欢的伙伴变成了外面的朋友，社交生活的主要场所延伸到家庭以外的、能提供更多人生体验的世界。

对依恋父母的儿童来说，离异事件动摇了他们对父母满心的信任，因为父母现在无疑表现得非常自私。他们把完整的家拆成了两个，孩子必须学会在这两个家庭之间周旋，在一段时间内，他们不得不承受那种不熟悉感、不稳定感和不安全感，不得不容忍在和父母中的一方团聚时与另外一方分离。要让儿童接受父母已永远分开的现实是很难的，因为他们强烈地渴望着、幻想着父母会在某个时候以某种方式重归于好。他们依靠这种一厢情愿的幻想来减轻丧失的痛苦，和青少年相比，儿童会更长久地抱着父母重归于好的希望不放，青少年则会很快接受家庭破裂的结局。所以，当离异的父母因心怀内疚或良好的愿望共同出席特殊的家庭庆祝活动和节日活动，让孩子再次感受完整家庭时，可能只会助长孩子的幻想，使他们迟迟无法适应父母的分离。

依赖性强的儿童对父母离异的短期反应可能是焦虑的。在他们眼里，太多不同的、全新的、不可预测的、未知的事物纷至沓来，让生活充满了各种可怕的问题。"接下来，我要面对的又是什么呢？""谁来照顾我？""既然我的父母已经不再爱对方，那他们会不会有一天也不再爱我？""父母中的一个已经搬走了，如果另一个也不在了，我该怎么办？"当孩子怀着最糟糕的恐惧心理来回答这些令人担忧的问题时，他们的反应可能是退行的。他们的日常功能会退行到更年幼的时候，这样就能得到父母更多的照顾。这些退行行为可能包括分离焦虑、闹觉、随意大小便、尿床、黏人、哭闹、发脾气，以及暂时丧失已有的自理能力。

当家庭破裂时，儿童想在家里感受到更多的亲密联结。退行到更早的依赖状态也可能是一种吸引父母注意和关心的努力，试图把父母拉到一起，因为离婚使父母的关系更为疏远——和孩子住在一起的一方更忙了，而不住在一起的一方则更少露面了。

对于离异父母来说，当务之急是为孩子建立一种家庭秩序和安全感。这意味着要遵守三个"R"来恢复孩子的安全感、熟悉感和依赖感：惯例（Routines）、仪式（Rituals）和保证（Reassurance）。也就是说，父母可以建立一些家庭探视规则，这样孩子就知道什么时候能见到父母；允许孩子创造一些仪式，增加他们对生活的掌控感，比如何时告别父母中的一方，何时与另一方见面；不断地向孩子保证，父母将与他们一如既往地亲密无间，会为了他们共同努力，让新的家庭安排顺利进行。

父母离异与青少年

面对父母的离异，依赖性较弱、追求更多不同、更独立、有更多个性化表达的青少年会表现得更激进，他们往往会以一种疯狂、叛逆的方式做出反应，更坚决地无视家庭的要求，决定从此自己照顾自己，因为父母未能信守对家庭的承诺。儿童可能会试图让父母回来，而青少年则可能会试图报复父母，减少与父母的交流和接触。儿童会感到悲伤，青少年则是不满，这种不满会让伤心和怨恨的感受变得更强烈。青春期的独生子女尤其难以接受父母离异，因为过往亲子间的依恋是如此强烈，他们在家庭中是如此重要，他们是如此习惯于自己的需求被父母优先考虑，所以，父母离异让孩子在家庭中失去的太多了。

即使目睹了父母在婚姻中的不和谐、不幸福，大多数青少年仍不希望父母离婚，也不同意父母做出的离婚决定。他们通常会感到很受伤，感到深受打击，会愤愤不平，甚至可能会说："这不公平。没有人问我是否愿意让他们离婚，让家庭分裂，但我也是这个家的一分子，难道不是吗？我很难过，很生气，很烦躁！因为他们认为这样做没什么大不了，就觉得我也应该不介意。但他们错了！"对于一些与父母关系非常密切的青少年来说，父母离婚可能是不可原谅的过错，他们会对此产生一种持久的不满情绪，这种情绪会在时过境迁之后依然存在。

青少年这时会表现得更冷漠、更叛逆，会更坚定地按照自己的方式生活，比以前更专注于自己的事，他们以这种激进的方式来掌控自己的生活。在让他们感到孤立无援的家庭环境中，他们越来越独立自主，越发迫切地想自己说了算，并认为这是自己的权利。

青少年通常会认为，父母对家庭的不忠就是对自己的背叛，他们会因此变得更愤怒，更抗拒和父母沟通。对于仍牢牢嵌在家庭圈子里的儿童来说，父母的离异往往会增加他们对家庭的依赖；而对于那些更关心自己朋友圈的青少年来说，父母的离异往往会激发他们更多的独立性，让他们更远离家庭。

我听到青少年在父母离婚后是这样为自己更独立的生活方式辩护的，"如果我的父母能把他们的利益置于我的利益之上，那么我也能把我的利益置于他们的利益之上。""既然不能指望我的父母像以前那样陪在我身边，我就得更多地依靠自己。""既然父母可以违背他们曾经对家庭的承诺，那么我也可以。""既然我的父母现在更关注他们自己，那我这样做也无可厚非。""既然他们没有就这个决定征求过我的意见，我的决定也就不征求他们的意见了。"在原本就对父母有诸多不满的年龄，父母离异往往会加剧这种不满。

随着父母的离异，促发青春期转变发生的三大动力（分离、尝试和对抗）往往会变得更为强烈。

青少年会更多地依赖自己的朋友圈来获得社会归属感，这样会使他们与家庭的距离越来越远。

青少年会不断追求个性，进行更多尝试。

当青少年更坚定地打算走自己的路、实现自己的愿望时，与家长权威的对抗会更激烈。

到了青春期末期，青少年情窦初开，开始有了"少年维特之烦恼"。这是一段脆弱而易受伤的时期，父母之间誓言的破碎和爱情的消失会对孩子产生巨大的影响。如果承诺易碎，爱难永恒，失去爱会让人如此痛苦，那么，当青少年开始对一位交往对象特别在意时，他们又该如何做呢？

他们不愿相信爱的承诺，这一点恐怕很难改变。在恋爱关系中，父母离异的青少年和成年子女会以一些自我保护的方式，体面地处理他们可能会遇到的承诺问题，其中包括：

- 由于害怕选择（或选择错误），他们可能会非常谨慎，在不能百分百"确定"之前，迟迟不肯给出承诺。
- 他们可能会将关系保持在随便而肤浅的水平，这样就不必给出承诺。
- 在一段认真的关系中，他们可能会感到非常矛盾，一会儿准备做出承诺，一会儿又准备分手。
- 他们可能会通过控制来确保对方不会离开。
- 在进入一段给出了承诺的关系时，他们可能会带着"如果不成功，总可以分手、离婚"的想法。

孩子进入青春期后，父母在安排探视的时候更伤脑筋了。由于青少年社交需求的增加，与另一位家长的团聚时间可能与和朋友的约会时间相冲突。所以，在探视问题上，家有青少年的父母比家有儿童的父母通常更需要灵活变通。这时，允许孩子带上朋友可能是一种很好的折中方案。青少年既可以和平常不住在一起的父母团聚，又不必完全牺牲和朋友在一起的宝贵时间。

青春期也是一个更想和同性父母住在一起，想花更多时间来模仿对方的时期。这通常并不意味着他们对父母中一方的爱大于另一方，这只不过反映了青少年在这个重要的发展期对性别认同的需要。

恢复对父母的信任

在某种程度上，离婚通常会导致子女对父母失去信任。也就是说，在离异后，如果父母想恢复青少年对他们的信任，取决于他们能否做到下面两点。

第一，不管当初导致他们分开的分歧是什么，他们都要在情感上进行和解，这样青少年就不会感到自己依然被困在这段婚姻未完成的情感事务中。

第二，建立一个工作联盟，让这对前伴侣能为了孩子的幸福携手合作。在很多情况下，虽然没法与前伴侣一起生活，但他们仍然会将前伴侣视为与自己共同养育孩子的人。我在 2006 年《关于孩子与离婚的百科全书》（*The Everything Parent's Guide to Children and Divorce*）一书中描述了这种联盟，我称之为父母关系中的"十大注意事项"。它们是：

1. "我会踏实可靠。"我会一直遵守我与你和孩子的社交安排。你可以相信我的话。
2. "我会尽职尽责。"我将履行抚养孩子的义务。按照约定，我会提供应该给予孩子的一切支持。
3. "我会心存感激。"你为孩子的幸福而做的一切，我都看在眼里。我会感激你对我的帮助。

4. "我会尊重你。"在孩子面前,我会一直说你的好话。如果有不同的意见或顾虑,我会直接和你谈。

5. "我会灵活通融。"如果你有别的事情要忙,我会努力修改计划来照顾孩子。我会尽力处理一些意想不到的变化。

6. "我会忍耐宽容。"我会接受我们之间越来越不同的生活方式。为了与孩子一起生活,我会接受任何改变和条件。

7. "我会全力支持你。"当你管教孩子时,我会做你的后盾。我不会允许他们挑拨我们中的一方来对抗另一方。

8. "我会一直参与。"当孩子遇到困难时,我会和你一起解决问题。我会和你一起帮助他们。

9. "我会有求必应。"我会随时帮你处理孩子的紧急情况。危急时刻,我会随叫随到。

10. "我会通情达理。"我会以冷静和建设性的方式讨论我们之间不可避免的分歧。我会和你保持沟通,直到我们找到一个双方都能接受的解决方案。

当青少年感到父母之间并没有挥之不去的恩怨时,当他们看到父母依然可以合作时,他们就会意识到,尽管父母违背了对婚姻的承诺,但共同养育孩子的承诺仍一如既往地牢固。

有时父母会问,要到多大年纪,孩子才能更容易接受父母的离异,并通常会假定年龄越大越好,因为那时孩子更成熟。我不同意这种看法。父母在同一屋檐下生活的时间越长,离婚带来的调整就越有挑战性,因为当家庭解散时,一起度过的时光越漫长,那种熟悉和亲密就越难忘。

我相信一个5岁的孩子比一个15岁的孩子更容易适应父母的离异,尽管两者都会经历一番痛苦。对父母再婚的适应也是如此(这种情况经常发生),因为5岁的孩子能够接受继父或继母并与对方产生感情,而15岁的孩子通常做不到。而且,父母不能因为自己已经在"情感上"习惯了离婚,就有理由期望青少年也会有同样的恢复速度,能够像已经准备开始更好新生活的成年人那样,迅速地"走出"父母离异的阴影。

"走出"父母离异的阴影

我认为,从父母离异的阴影中"走出"的概念是错误的。"习惯"是一个更现实的期望。"走出"意味着把过去的经历抛在脑后,继续前行,就好像它不过是成长道路上的又一个坎坷。"习惯"则意味着学会在不再完整的家庭中生活,应对随之而来的各种困难,接受父母离异产生的一切后果,将这样的经历视为成长的一部分。据我所见,青少年可能需要好几年的时间,做出足够的调整,才能摆脱过往,继续他们的生活。

最后我要说的是,有时父母会对还在纠结于离异事件的青少年感到不耐烦和灰心失望,因为他们一心想让青少年从这件事中走出来,参与新的家庭规划,继续新的人生。以下面这个孩子痛苦的描述为例:

"我的父母在我11岁的时候离婚了。从那以后,我的生活就失去了稳定,不得不经常往返于两个家庭之间,眼睁睁看着原来的家被撕成两半。不知道明天会待在哪里,这让我难受得发疯。我会在自己的房间里偷偷哭泣,希望有一天父母能重归于好。不可思议的是,我妈妈居然对我说,我很幸运,有两座房子、两间卧室,等等。我完全没法认同这种说法。几年后,当妈妈听说我还在为他们的离异伤心时,她很生气,她希望我能从这件事中彻底走出来。我猜她一直认为离婚对父母的影响比对孩子的大。这些年来,我一直在设法安慰自己。可我现在已经20岁了,回首往事的时候,我仍然希望他们没有离婚。"

据我所见,青春期早期(19~13岁)是发展过程中最容易被父母离异伤害的时期。青春期的很多行为都需要勇气。要勇敢地与童年和父母分离,就需要有一个安全的家庭联结——唯有安全地联结,才能安心地分离。当父母离异恰逢青春期早期时，此时的青少年需要通过与父母分离来获得更多的独立，通过变得与父母不同来形成更多的个性，对这些成长目标的追求会变得更加迫切。而随着追求独立和个性的推动力变得更强，与父母之间的距离变得更明显，因不满父母背叛而滋生的怨恨变得更多，对家长权威的反抗变得更常见，对一个足以与家庭抗衡的朋友圈的归属感变得更强烈，成长过程也就变得更加紧张。

父母需要理解青少年在接受父母离异时所做出的巨大调整。简单地说，我们可以从父母离异给青少年生活造成的十个常见丧失出发，来思考这种调整意味着什么。

1. 失去幸福。大多数青少年会哀悼一个完整家庭的丧失，他们怀念最初家中"当时只道是寻常"的生活。
2. 失去稳定。尤其是在早期，父母离异会让孩子感到一片混乱，因为父母分开了，有时可能还牵涉法律诉讼，孩子需要在两个家庭生活，也许还会改变居住地点和学校，这些都会造成很多混乱。
3. 失去信念。从父母离异的经历中，青少年得到了不少教训，其中最令人不安的是意识到爱可能会失去，承诺易碎，爱难永恒。
4. 失去联结。随着父母的离异，与父母的接触往往变得更少，作为监护人或负主要养育责任的一方可能变得更忙，而非监护人一方则可能难得一见。
5. 失去信心。随着父母的离异，一系列复杂的变化同时涌来。全家一起庆祝家庭节日的日子结束了，逼着自己去适应定期探视的日子开始了。可以预见的是，要分担的家庭责任会更多，与父母相处的时间会更少。这些变化带来的要求太多了，会让孩子在一段时间内失去信心，认为自己无法应对。

6. 失去理解。父母离异把青少年从熟悉的家庭生活带入一种陌生的状态——无法解释现在、无法预测将来。"接下来会发生什么?"还有一个问题是:"我的父母为什么离婚?"对此,父母给出的解释通常都不一样。

7. 失去力量。大多数青少年会觉得父母离异剥夺了他们的权利:"你们的离异颠覆了我的生活,而我对此却没有发言权!"当父母结束婚姻、改变青少年的家庭生活时,孩子很容易感到无助和愤怒。

8. 失去习惯。当父母出于需求或愿望离异时,他们也会开始做出一系列的个人改变,而这些改变也会改变他们在青少年眼中的形象。获得监护权的家长要肩负父母双方的责任,生活有了新的意义,而另一个家长重获自由,正准备开始新的人生。

9. 失去信任。当父母为了自己的利益而离异,解散原来的家庭时,青少年往往会在某种程度上对他们的领导能力失去信任,尤其是在父母对青少年的生活做出指导时。

10. 失去融洽。父母决定离异是因为他们无法和睦相处,而青少年希望分开后父母的关系能比分开前更好一点,但往往事与愿违。

与其说青少年从父母离异的阴影中"走出来",不如说他们艰难地做出了调整,迫使自己去适应新的生活,接受上面列出的那些丧失。当人生遭遇逆境时,未尝不是"失之东隅,收之桑榆"。虽然这段经历会影响今后的人生,让青少年怀疑爱的持久价值,害怕做出爱的承诺,避免与人产生冲突,但它也会让青少年拥有更强的适应力、决断力和负责任的能力。

但是,父母要记住的是,尽管离异是为了让成年人的生活变得更好,但它同样也改变了青少年的个人生活,而且从某种程度上说,是变得更糟。

第 21 章

成长速度异常

> "我们家一个孩子很早就独立了,而另一个则得硬生生推出门。"

在高中阶段,成长速度的问题会让青春期显得越发紧张——发展滞后的孩子会在此时抓紧时间迎头赶上,早熟的孩子更是一骑绝尘,将同龄人远远抛在身后。在第一种情况下,青少年会经历一个被压缩的青春期;在第二种情况下,青少年可能会体验到超乎高中年龄的成熟。在这两种情况下,父母都会有很多问题要应对。

被压缩的青春期

以下是一段与青少年父母进行的对话。因为女儿马上要上中学了,父母对即将到来的、恼人的青春期变化感到焦虑。

"我们知道这不是小学了,但我们希望青春期能稍微晚一点再来,多享受几年她童年的轻松时光。"

"恐怕会事与愿违。"我回答说,"青春期来得越晚越难熬。"

我为什么这么说呢?因为那些高度依赖父母、高度受保护、迟迟不成熟的孩子(通常还包括独生子女)有一个共同点,就是不愿与童年告别,他们的青春期可能会被推迟到通常的开始时间(9～13岁)之后。这些孩子的青春期可能直到高中早期才开始,而一旦开始,它就会以远超父母和青少年预期的速度飞速发展,快到让他们猝不及防、焦头烂额。

这种发展滞后的结果就是我所说的"被压缩的青春期",当青少年不顾一切要赶上自己的发展速度时,青春期的前三个发展阶段就会被叠加在一起齐齐到来。那些驱使着孩子追求更多独立自主的因素一下子火力全开,父母通常会被突如其来的巨大变化搞得措手不及。

"我们无法理解,直到高中二年级快结束的时候,她都还是那个我们熟悉的孩子,和过去一样积极上进、专注认真、活泼可爱。然后,就像一颗炸弹在她体内爆炸,过往所有的在意和专注、所有的美好时光,都被炸飞了。从那时起,她对待我们的态度也变了,好像觉得我们对她不像从前那么好了。我们确实常常对她的一些选择持不同意见。现在,她更不愿意理我们了。就算有待在一起的时间,也被她破坏了,因为她总是抱怨我们不懂这个不懂那个,和我们争论哪些该做哪些不该做。似乎对她来说,能不受打扰地和朋友在一起是唯一重要的事情了!到底发生了什么?"

在被压缩的青春期里,会发生什么?青春期前三个阶段原本应该从小学末期到高中从容地依次展开,却被压缩到了高中阶段异常紧张的两三年时光里。这个时候,青春期早期的一些标志性特征(如消极的态度、主动和被动的反抗以及对父母底线的试探)刚刚冒头的时候,属于青春期中期的一些冲突,如为自由而做的抗争、与伙伴在一起的需求以及暂时的暴虐行为等,就迫不及待地接踵而至。紧随其后的是属于青春期末期的一些特征,如渴望表现得更成熟,想领略更成人化的冒险,想表现得更独立。对青少年和父母来说,这是一段如同"狂野飞车"般的旅程。

有时,父母会怀疑孩子行为上的巨大变化是不是使用酒精或其他毒品的结果。虽然使用这些物质肯定会使一切更加混乱，但罪魁祸首通常是那些过于快速的发展性变化。

在被压缩的青春期，青少年最需要父母提供的，是他们用坚定不移的关爱打造的稳定感。父母必须提供和从前一样的指导、监督和家庭结构，在坚持履行养育职责的同时，也能够共情青少年的困境。要做到这些并不容易。父母得做好心理准备，在这段年少轻狂的岁月，青少年是不会感激他们恪尽职守的支持的。唯有发展不再滞后，并最终获得足够的个性和独立之后，青少年才能够冷静、平和下来。

提前成熟

大多数父母都知道，从幼儿园到 12 年级（K-12）的美国式教育结构并不合理，但整个社会必须遵照执行。孩子们在这个系统中按部就班地逐年升级。有时父母会发现，他们的孩子在发展上与通常的进程不同步。孩子可能会因成绩远超同龄人而跳级，也可能会被留级一年，让他有更多时间在身体素质和交往能力方面获得进一步成长。无论是哪种情况，父母都会根据孩子的需求调整他在 K-12 教育体系中的位置。

现在让我们来思考一下，如果一个女孩在高一下学期或刚上高二时，就觉得自己有超乎高中年龄的心智成熟度，会发生什么？通常情况下，这种感觉会被描述为与环境格格不入、不合群、与同龄人不同步。她觉得自己和高中已经"缘尽"了，准备继续向前发展，希望早点毕业找份工作，或者去上大学。不管怎样，她正在展望人生的下一个阶段，在她看来，高中最后一年纯粹是一个障碍，挡在她已做好准备要踏上的独立之路上。她迫不及待地想翻开新的人生篇章，却因为体制原因不得不完成 12 年的教育，这让她很不耐烦。

青少年可能会因比同龄人成熟得更快而感到不适，她可能和已毕业的高年级学生建立了亲密的友谊；她可能已经加快了学习进度，上大学似乎是顺理成章的下一步；她可能想进入职场，开始自己创业；她可能真心厌倦了依靠父母的生活；她可能觉得完成高中第四年只会阻碍她的发展，对她的前途毫无帮助。

当青少年开始与父母讨论这些想法时，父母一定要认真对待。提前高中毕业需要在较短的时间内积累足够的学分。这需要制订额外的计划，付出额外的努力，承担额外的责任。她需要与高中辅导员一起制订提早毕业的计划，需要放弃很多与老朋友一起参加毕业季社交联谊的机会。

具体来说，高中生如何才能获得提前毕业所需的学分呢？考虑以下几种可能。

- 可以通过参加暑期学校获得额外的学分。
- 可以在学校正式开学之前参加一些补习班。
- 除了在校学习的课程外，还可以参加一些经认证的函授或网络课程。
- 可以参加当地社区大学的课外班，也许还能获得高中和大学的双重学分。
- 可以通过考试获得学分，对于未修课程，只要通过了国家批准的结课考试即可。
- 可以进入一所有提前录取计划的大学，该计划接收尚未高中毕业的学生。

对于父母来说，这种争取提前毕业的行为可能有点让人难过，因为成功的话，青少年就会比他们预期的更早获得独立。不过，虽然学校教育体系被设计为 K-12 模式，但这并不意味着不能在适当的时候加快进程，毕竟，孩子们在青春期的成长速度各不相同，因此离开家庭这个庇护所的时间也因人而异。

当青少年表现出超乎年龄的成熟时，严格按照她的实际年龄和在学校的年级来要求她是没有意义的。如果她因为超乎高中年龄的成熟而做好了进入下一个人生阶段的准备，如果她愿意付出额外的努力来提前毕业，如果她对接下来要做的事情已经有了具体的计划，那么，父母可能已到该放手的时候了。

在高中阶段，不管处于发展的哪个极端，无论成长是快还是慢，青少年的生活都可能变得很紧张。

第 22 章

任性固执

"当他非常想要某样东西时,他会不达目的不罢休。"

如果你家里有一个固执倔强的孩子,最好考虑以下三个可能的原因,包括青春期成长过程中养成的任性、始于童年的执拗以及有一位固执己见的家长。

青春期养成的任性

总的来说,青春期是一个比童年期更任性的时期,这个时候,青少年的自主意识越来越强了,推动着他们不断成长,促使他们走向个性化和独立。青少年的言行举止中表现出了新的自信,例如下面这些话:
"我想要更多成长的自由。"
"我要质疑规则和权威。"
"我要按自己的方式行事。"
"我想穿什么就穿什么。"

"我不喜欢别人告诉我该做什么。"

"我要自己选择朋友。"

"我不想让父母知道我的隐私。"

"我想要更多的钱。"

"告诉你多少真相由我决定。"

"大人能干的事情,我也想干。"

青少年变得越来越任性,这导致了与父母之间更多的分歧和争吵,所以,不出意外的话,父母要做好与孩子发生更多冲突的准备。

始于童年的执拗

如果孩子从童年开始就很执拗,那么上面提到的冲突可能会发生得更为频繁和激烈。这是能看出区别的。

如果孩子不是那么任性倔强,当要求遭到拒绝时,他可能会表现出一定程度的难过,然后逐渐从失望中走出来,把注意力转向别的事物。而对于一个固执的孩子来说,被拒绝通常会引发不同的情绪反应,比如愤怒,而且他会坚持自己想要的东西。为什么?

固执儿童的特点之一,就是在决定想要什么和该要求被拒绝时,常会有进行条件转移的倾向。他们的思维过程似乎是这样的:

如果我想要什么,就非常想要。

如果我非常想要它,就必须得到它。

(此时,条件转移发生了)

如果我必须得到它,就应该得到它。

如果我没有得到我应该得到的,就是不公平,所以我会愤怒。

我将在这种对不公平的愤怒中继续追求我认为自己有权得到的东西。

一开始认为被拒绝是不公平的，感到委屈，然后认为自己有权提出要求，这一思维过程足以激发那些倔强的孩子满怀愤怒地追求没有得到的东西。

固执的孩子拥有强烈的欲望。从"好"的一面说，这可能意味着他的目标高度明确，有动机去实现他的愿望，在追求个人目标的过程中坚持不懈，在被反对、排斥或拒绝时不会轻易放弃。这是一件喜忧参半的事。好处是他不会接受"不"这个答案；"坏处"同样是他不会接受"不"这个答案。不好的地方在于，这可能意味着控制欲，意味着他从不轻易宽容或让步，拒绝妥协，需要一直是"正确的"，不惜一切代价争取胜利，无论如何必须达到目的。固执是一把双刃剑，父母最困难的任务是最大限度地发挥好的一面，减少坏的一面。

如果你正好有一个执拗的小孩（8岁或9岁），那么他可能会长成一个更固执的孩子。

因此，最好趁着他还小，帮助他将这种执拗导向一些具有挑战性的兴趣爱好上，学会在延迟满足和得不到满足时更宽容，通过将欲望与权利分开来减少条件思维，并懂得极端的任性会不自觉地损害与他人的关系。父母要不断努力向他们解释这种差异。

"知道自己想要什么，追求自己想要的，并且不达目的不罢休，这没什么不好。但是，如果你这么做是以牺牲他人的利益为代价，或者违反了其他责任人设定的合理限制，可能就不好了。当你知道自己想要什么，觉得这是你的权利而其他人并不认同时，可能会深感挫败、无所适从。如果你提出的要求被我们否定了，希望你把那种挫败感说出来，我们愿意倾听。"

那么，关于如何管理一个固执的孩子，有什么可行的家长指南吗？可以考虑下面这些建议：

- 不要为了避免冲突，就忽视任性的孩子的某些你不赞同的行为。父母的回避只会助长任性。
- 不要为了息事宁人，就答应一些你不认可的要求。为了安抚而做的让步，只会鼓励更多的任性。
- 一定要把分歧视为增进了解的沟通机会，而不是一场看谁占上风的挑战。将冲突转化为权力之争只会鼓励任性。
- 一定要充分听取青少年的意见，但在清楚地陈述和解释了你的最终立场之后，不要一直反驳。如果一直争论下去，你可能会因孩子的激烈言论改变主意。
- 不要参与任何缺乏安全和尊重的争论。如果父母允许孩子在争论中使用辱骂性的语言或者耍心机、使手段，就是在变相鼓励孩子把这种行为用在亲子关系和其他关系中。
- 要坚定一致，严格遵守制定的重要规则和要求。如果父母在监管上前后矛盾，无异于向任性的青少年发出了一个诱人的信息——"有时我的父母言出必行，有时又出尔反尔。"（任性的青少年通常会选择"出尔反尔"。）
- 在纠正孩子的行为时不要评头论足。具体地说，只针对青少年的决定提出异议："我们不同意你做出的选择，这就是原因，所以我们要你接下来这样做。"用批评的方式攻击孩子的性格、行为或能力，通常是火上加油。
- 当青春期的孩子有完成任务的雄心壮志或坚守承诺的决心时，一定要认可并欣赏他们的这种倔强。肯定固执的积极面会鼓励他们朝着这方面发展。
- 在所有互动中，都要坚持"黄金法则"。在对待任性的青少年时，用你希望对方对待你的方式来对待他。

- 一定要记住，当孩子行事任性时，并不是在故意针对你，任性不过是一个性格特点，是青少年需要去学着控制的，所以不要把这种任性当成是针对你个人的。
- 一定要说清楚哪些事情是父母应该做的："至于你想做什么，或者不想做什么，在必要的时候我们会坚持原则，但可以通融时，我们也会通融。我们会让你知道我们的立场，也会听取你的意见。"

固执的父母

在我的定义中，固执的父母是那种执意要对孩子进行指导、纠正，控制孩子的一言一行，而且说一不二的家长。

当孩子进入青春期时，父母的这种固执就会受到考验，因为孩子会变得更有主见，会反抗，会和父母保持距离，也会更频繁地逃避家长权威以获得成长的自由。我认为，在这个更具个性、更为独立的发展阶段，父母如何固执己见以及孩子如何回应会对青少年产生发展性的影响，影响青少年以后处理重要社会关系的方式。

固执己见的父母会引发哪些问题呢？在考虑这个问题之前，我们有必要先看看其好处，正如育儿过程中的很多方面一样，固执也是一把双刃剑。从积极的方面看，青少年会知道固执的父母有什么立场和要求；知道父母不会因孩子的抗议或抵抗而让步或放弃；知道父母在担心时会大声说出来；知道父母会言出必行；知道父母会提供一个安全的家庭结构，有始终如一的规则和要求；还知道父母坚持他们认为最好的方式是出于关心，即使这种方式可能是错误的。

有问题的一面是，固执己见的父母在面对更有主见的青少年时，可能会不惜一切代价维护自己的权威，变得难以相处。比起对孩子的关心，这样的父母更在意自己是否大权在握，他们觉得自己永远正确，不愿与孩子讨论，也不会接受孩子的意见。结果就是，父母在与孩子相处时变得专横独裁，而孩子也会在冲突中模仿父母的行为，以其人之道还治其人之身。

怎么专横呢？看看下面的例子："我不接受'不'这个回答。""我不会向任何人让步。""我很少请求，只提要求。""我讨厌争不过别人。""我讨厌为适应他人而改变。""一旦我拿定主意，就会不顾一切坚持到底。""想要什么我就要说出来，就要拿到手。""我的决定不容置疑。""不赞同我的人通常都是错的。""我说的才是对的。""我不能容忍别人犯错。""我不喜欢承认自己错了。""我不喜欢道歉。""我希望别人按照我的方式做事。""我希望别人能达到我的标准。""我从不放弃。""我从不让步。""我会不惜一切代价取得胜利。""我想知道发生的一切。""我不放心把事情交给别人。""我从不承认失败。""我想让别人遵守我的规则。""我宁愿帮人，不愿被人帮。""我不喜欢别人说我错了。""我不喜欢听到不同的意见。""我不喜欢别人告诉我该做什么。"

在以上说法中，如果有十个或十个以上符合你的情况，那你可能就是固执的父母。你可能会面临很多陷阱，它们不但会把你牢牢困住，还会对孩子的成长产生持续的影响。

首先，当青少年以这样的父母为榜样时，可能会变成一个固执的人，与父母争夺控制权的斗争可能会变得异常激烈。在这种情况下，冲突双方会越来越像，因为随着时间的推移，更多的冲突使他们变得更为相似，青少年会变得像父母一样固执，谁也不会后退一步。此时，家庭变成了训练场，对抗不断升级。父母不愿意牺牲权威，正如青少年不愿意服从权威一样。青少年越是反对规则，越想独立，固执的父母就越觉得失控，就越激进地想重新控制孩子的行为。当父母采取更极端的措施时，青少年会坚守阵地，将积极抵抗和消极抵抗的战术应用得更频繁。在这场个人对抗赛中，青少年输给了比自己强大的父母，但最终的获利者是他，因为他得到了锻炼，实力大增。孩子会从父母那里学着一意孤行地去引导、纠正对方，并将这种方式带到未来与伴侣的关系中。这样充满对抗的关系往往会让他们付出代价。

其次，在面对占主导地位的成年人制定的种种规则时，如果青少年更愿意采用兜圈子的方法来回避，可能就会变成满腹心机、虚伪滑头的人，导致他们说的话不靠谱，让别人不敢相信。在这种情况下，青少年往往会与那位固执的家长保持一定的距离，以避免直接的对抗和冲突。他们学会了和父母打太极，表面上乖巧听话，背后却经常想办法阳奉阴违。他们擅长说父母想听的话，但透露的具体信息极少，以难以求证的方式对真相进行隐瞒、夸大或撒谎，为逃避责任而编造无懈可击的借口。面对这种善于耍心机的孩子，固执的父母可能无可奈何。表面上是父母说了算，但他们却常常感觉被巧妙地控制了，得不到在一段真诚直率的关系中应该有的坦诚相告。

如果你在十几岁的孩子身上发现了一些应付专横父母的迹象，可以考虑做两个调整。首先，回顾一下前面列出的那些固执己见者的特点，如果有多项符合你，可以考虑减少一些。改变你自己的言行，就能改变你对孩子的影响。其次，鼓励青少年养成更健康的行为。与孩子一起完成更多的事情，让任性倔强的青少年学会合作；减少对孩子的压制，让爱耍滑头的青少年变得更坦诚。

第 23 章

独生子女

"她是我们唯一的宝贝,所以我们要保证她的安全。"

在父母与独生子女之间,亲子依恋实在太强烈了,共享的东西实在太多了,所以,在青春期正常出现的青少年与父母日益不同且逐渐疏远的现象,在独生子女及其父母看来是既可怕又痛苦的事情。正如我在《独生子女的未来》(*The Future of Your Only Child*)一书中所写的,对独生子女来说,在青春期与父母渐行渐远且差异日增并非易事,部分原因就是父母也很难适应和接受这种改变。"我们的感情变了,她不再是从前那个孩子了!"

当青春期的独生子女开始调整舒适的现状时,作为父母钟爱的孩子,以及父母所有付出的唯一受益者,他们可能需要放弃很多东西。这个过程可能会被一再推迟,不仅如此,有时候成长速度也会慢下来,导致在高中阶段形成我们在第 21 章中讨论的"被压缩的青春期"现象。对父母来说,放手让孩子以他想要的方式独立成长并非易事。眼看着那个曾与父母亲密无间的孩子渐行渐远,父母会深感失落。与独生子女的父母比起来,有多个孩子的父母对这个追求独立和个性的过程会更容易接受，态度更灵活，不会过于执着。而对独生子女及其父母而言，青春期就不那么好过了。

与有多个孩子的家庭相比，独生子女家庭有3个截然不同的特点，每个特点都会让家庭成员感受到压力，促使他们表现得更好。现在，我们来看看这三个特点。

1. 独生子女是家里唯一的孩子，养育独生子女是父母养育孩子的唯一机会。所以父母想做得完全"正确"，不容许自己有丝毫纰漏。他们希望自己对子女所做的一切都是对的，所以抚养独生子女就变成了一项压力极大的任务。他们不想因自己的错误而让孩子付出代价，所以会在育儿过程中非常认真和慎重，决不随便应付。独生子女通常会觉得自己同样有义务为父母做正确的事，去取悦悉心照料自己的成年人，去证明他们的付出是值得的。家里每个人都不轻松，因为每个人都在非常努力地去做正确的事，努力取悦对方，不让对方失望。父母和独生子女相互奉献、相互支持，这样可能会使生活高度紧张。

2. 独生子女是父母所能提供的所有资源的唯一受益人，包括父母的人脉、财产以及所有的爱。因为父母在养育独生子女时通常投入很大，所以他们通常也有很高的回报期望。当你把自己的一切都给别人时，自然也想要别人回报很多。他们可能期望孩子在对待父母时，能像父母对待孩子一样；他们可能希望孩子长大后不辜负父母的期望，能够以他们认可的方式实现远大抱负。一位家长曾对我说过一句令人难忘的话："没有一个独生子女的家长会满足于拥有一个普通孩子，至少没有人会认为自己的孩子普通。"为了实现父母的这一目标，独生子女必须加倍努力，这会让他们的生活变得高度紧张。

3. 独生子女只有父母陪伴，所以很容易在与这些成年家庭伙伴的互动中模仿他们，变得"成人化"（在待人接物和言谈举止方面显得早熟）。当把自己放在与这些成年人平起平坐的地位时（"我应该有平等的发言权"），独生子女极有可能用同等的表现标准来要求自己（"我应该表现得一样好"），但他们只是孩子，不是成年人。不切实际地提高个人表现标准会让生活变得高度紧张。

我说这些并不是要抹黑独生子女家庭构成，暗示其只会带来额外的压力。恰恰相反，我认为独生子女往往会受到非常良好的教养。仅以成长过程而言，我就可以指出5个明显的好处：

1. 独生子女受到父母的尊重，因此很自重。
2. 独生子女习惯了独处，因此很会自得其乐。
3. 独生子女能够专注于自己感兴趣的东西，因此目标明确并能坚持不懈。
4. 独生子女习惯于与父母讨论，因此在与成年人交谈和接触时往往显得轻松自如。
5. 由于专注自我，独生子女往往懂得善待自己，而且通常不太容易受到同辈压力的影响。

独生子女通常与父母关系亲密，并且会得到父母的精心培养，他们从小就被父母关注着、呵护着，得到了足够的认可。进入青春期后，他们一面渴望拉开和父母的距离，一面又抗拒这种分离，所以，在他们眼中，成长是件可怕的事。

- 和父母之间的距离会不会拉得太远，导致不再亲密？
- 和父母之间的差异会不会变得太多，导致不被接纳？
- 对家长权威的挑战会不会过于激烈，导致感情疏远？

此时，父母面临的挑战是，在子女慢慢和他们拉开距离的过程中，要如何保持亲子联结。千万不要认为青春期是针对自己，就好像孩子是故意做出冒犯或伤害父母的事情一样。青春期是一个艰难的成长过程，孩子们会勇敢地追求个性和独立。所以，独生子女的父母要理解孩子，并向孩子保证："不管你把我们推得多远，不管你和我们有多不同，不管你对我们有多排斥，你都要知道，不管发生什么，我们都会一如既往、全心全意地爱你。"

后记

教养成年子女

"我以为养育任务已经完成了!"

我们必须完成对成年子女的放手,这不是一个简单的任务。在青少年成长的每一个阶段,父母都面临着要对他们放手的压力,因为青春期的孩子要追求更多的个性表达、更坚定的独立主张,决心成为独特的自我,在更广阔的世界中开辟自己的道路。放手往往是养育过程中的一种痛苦体验,因为它总是会带来风险和丧失。

以下面这位家长为例,她以非常感性的语言表达了放手时的失落感:"这就是我付出那么多得到的回报吗?现在她把我撇在一边,对我们的感情置若罔闻,我为她做了那么多,她却要离家自顾自地生活?"

"是的,"我回答,"这就是父母在艰难地熬过孩子的青春期后得到的回报。它被称为'独立'。在孩子的成长过程中,坚持握紧他们的手,给予引导和支持,这是对孩子的爱。但在青春期结束时,放手是出于更深沉的爱。"

因此,当孩子在大学毕业时结束青春期,并获得功能上的独立和合适的身份之后，他们会发现，真正棘手的生活难题是在不远的将来，而不是过去。而对于父母来说，对成年子女的养育任务将持续终身。

为人父母的挑战不会在青春期结束时消失，因为随着青少年拥有了更多行动和自我定义的自由，成长的两条轨道（走向独立和身份认同）仍在不断向前延伸。例如，当青少年搬到离家更远的地方，更专注于自己繁忙的生活时，与父母的距离会变得更远。他们与父母的不同之处会变得更多，例如，当青少年一心为事业奋斗时，或受到一个重要伴侣的强烈影响时。生活的改变还在继续，在这个过程中，父母必须放手更多，接纳更多，去适应这些改变。

然而，当父母干涉或批评子女的决定时，会发生什么呢？当他们拿出身为家长的权威，干涉子女的人生选择，指责子女的人生规划时，又会发生什么呢？如果他们这样做，与成年子女的关系就会变得紧张，因为年轻人认为，自己的人生该由自己做主了。

关于独立，成年子女的回答是："我知道，我不能像以往那样回家过节，你们很失望。让你们不开心不是我的本意，但我有自己的事情要做。放心，我会把自己的生活安排好，你们不用操心。"

关于身份认同，成年子女的回答是："我知道，皈依不同教派，去和我选择的对象结婚，这让你们很难接受，但这是我的选择。我有权决定自己的信仰，你们的反对请恕我无法理解，我的选择也无须你们同意。"

当青少年认为自己已经成年时，父母在养育子女方面所能做的最大调整就是改变亲子关系的规则。在整个青春期，青少年仍然认为，在很多方面还是得由父母说了算，要遵守父母制定的规则，满足父母的要求，行动要取得父母的同意，做父母认为有意义的事。而当迈入成年的门槛时，情况就不一样了。父母必须开始更多地让成年子女做决定，要根据孩子的计划来调整各种安排，适应孩子新的自我定义。面对不断变化的现实，坚持原有立场的父母会发现，任何企图干涉、指责子女的行为都有可能破坏双方的关系。如果父母拒绝放弃对子女的控制，拒绝接受子女正常的重新自我定义，就可能会让成年子女实现独立的过程变得苦不堪言。

当然，改变并不完全是单方面的。随着时间的推移，父母也在发生改变，喜好的东西不一样了，人生道路发生了转折，甚至可能换了伴侣。由于关系中的双方都在不断成长，很难分辨出是谁在做出重大改变，因此每一方都经常指责对方变得越来越难以适应。

就像诗人艾略特所说："在一个逃亡者的世界里，朝相反方向走的人看起来像在逃跑。"那么，谁在这段关系中变得更疏远、更难以相处，谁又需要更善解人意呢？不管发生什么，在责备成年子女造成一些隔阂或裂痕之前，父母需要清楚自己正在扮演的角色。"也许在他失恋的时候，我们应该多一点体谅，在他开始一段新恋情时多一点支持。"

成年后，子女与父母的关系必须重新定义。当青少年变得更关注个人生活而不是家庭生活时，父母会发现，他们与子女的社会距离和情感距离更远了。这个时候，年轻人满脑子都是如何成家立业，花在父母身上的心思会少很多。当年轻人与在乎的人走进婚姻殿堂时，父母的重要性就更小了。而等到他们也为人父母时，父母的排名还得再降一降。面对这一现实，父母一定要记住，在成年子女的生活中，变得不再那么重要并不意味着爱的丧失，这只不过是因为子女有了对他们而言更重要的关爱对象。

人生处于不断的变化之中，每个人都得面对不断改变的生活方式和人际关系。每个人都要不断调整自己去适应各种要求，从旧到新，从相同到不同，从熟悉到陌生，从已知到未知，从想要到不想要。父母必须像对待青少年的变化那样，继续与成年子女的变化共舞。他们必须牢记：父母的职责不是把子女塑造成自己想要的样子，而是不管子女最后成为什么样的人都一如既往地爱他们；正如孩子有义务去热爱自己的父母，不管真实的父母与他们想要的完美父母有多大的差距。双方都必须与现实和解，并最终接纳现实。

如果父母不愿随着成年子女生活的变化而成长，拒绝适应和接纳，最初的为难最后往往会变成伤害和隔阂。如果子女的变化让父母大失所望，比如没有达到父母的期望、抱负或一贯的要求时，甚至有可能导致亲子关系完全破裂。

在这样的时刻，父母最好记住，在未来不可预见的岁月里，成年子女生活中一定会有许多意想不到的变化发生。而规则是一旦为人父母，就永远为人父母。当成年子女成长时，父母应该和他们一起成长，从下一代那里学习更多生活经验并为他们加油鼓劲。最后，生活会在画完一个完美的圆圈后回到原点：先是年长者照顾年少者，然后是年少者照顾年长者。

促使这本书出版的问题是"谁偷走了我的乖孩子"。现在，我希望读者的答案是"没有人"。成长的过程就是完成责任，因为它始于孩子与童年的分离，终于青少年独立后的空巢。青春期必然伴随着失去。这是扶持青少年走向独立必须付出的代价。在为人父母的过程中，生活似乎是公平的：你养他小，他养你老。